# O TRABALHO NOS CLÁSSICOS DA SOCIOLOGIA

## MARX, DURKHEIM E WEBER

CESAR SANSON

# O TRABALHO NOS CLÁSSICOS DA SOCIOLOGIA

## MARX, DURKHEIM E WEBER

1ª edição

EXPRESSÃO POPULAR | EDUFRN

São Paulo - 2021

Produção editorial: Lia Urbini
Revisão: *Luíza Troccoli, Cecília da Silveira Luedemann e Lia Urbini*
Projeto gráfico, diagramação e capa: *ZAP Design*
Impressão: Paym

Dados Internacionais de Catalogação-na-Publicação (CIP)

S229t
Sanson, Cesar
O trabalho nos clássicos da sociologia: Marx, Durkheim, Weber / Cesar Sanson. --1.ed. —São Paulo : Expressão Popular : EDUFRN, 2021.
221 p.

ISBN 978-65-5891-034-3

1. Trabalho. 2. Trabalho e capitalismo. 3. Sociologia do trabalho. 4. Marx, Karl, 1818-1883. 5. Durkheim, Émile, 1858-1917. 6. Weber, Max, 1864-1920. I. Título.

CDU 331
316.334.2

Catalogação na Publicação: Eliane M. S. Jovanovich CRB 9/1250



1ª edição: agosto de 2021

EDITORA EXPRESSÃO POPULAR
Rua Abolição, 201 – Bela Vista
CEP 01319-010 – São Paulo – SP
Tel: (11) 3112-0941 / 3105-9500
livraria@expressaopopular.com.br
www.expressaopopular.com.br
ed.expressaopopular
editoraexpressaopopular

edufrn
Editora da UFRN

# SUMÁRIO

Aos meus filhos,
Tobias, Tomas e Rebeca

Este livro é resultado de uma de minhas atividades do pós-doutorado, sob orientação do professor dr. Inácio Neutzling (Unisinos), a quem devo as permanentes provocações para pesquisar e desvendar as transformações da sociedade do trabalho e a quem agradeço a partilha de conhecimentos diversos. Agradecimentos ao professor dr. José Dari Krein (Unicamp), uma referência nos estudos e nas discussões sobre as inquietações suscitadas pelo mundo do trabalho; à professora dra. Ana Patrícia Dias (UFRN), pelas observações metodológicas da estrutura do texto; ao prof. dr. Roberto Véras (UFPB) que, além de prefaciar o livro, fez importantes observações e auxiliou na revisão das categorias aqui abordadas e à professora dra. Aparecida Fernandes (IFRN) que, com enorme cuidado, fez a revisão de texto.

# Prefácio

Roberto Véras de Oliveira[1]

Em *O trabalho nos clássicos da sociologia: Marx, Durkheim e Weber*, Cesar Sanson nos brinda – estudantes, pesquisadores e interessados em geral – com os estudos do tema do *trabalho*, numa consistente e didática sistematização da manifestação do tema nas obras desses autores.

Apesar deste livro se referir a autores cujas obras se reportam a um tempo já bastante distante, segunda metade do século XIX e início do século XX, trata-se de uma contribuição valiosa, não só como guia de estudo sobre as referidas obras, mas também como esforço de interpretação sobre os tempos atuais. As categorias de análise, os fundamentos metodológicos e os diagnósticos que Marx, Durkheim e Weber foram capazes de produzir, cada um segundo perspectivas próprias, continuam indispensáveis a todos os que se dedicam ao estudo da sociedade contemporânea. Isso se demonstra fartamente por suas presenças nos cursos, nos projetos de pesquisa, nas publicações e nas temáticas de congressos, referidos às Ciências Sociais e às Hu-

[1] Doutor em Sociologia pela Universidade de São Paulo (USP). Professor no Programa de Pós-Graduação em Sociologia da Universidade Federal da Paraíba (UFPB) e no Programa de Pós-Graduação em Ciências Sociais na Universidade Federal de Campina Grande (UFCG).

manidades em geral, nas diversas partes do mundo. Em um tempo em que o conhecimento científico e, mais especialmente, as Ciências Humanas e Sociais vêm sofrendo, por toda parte, questionamentos sobre sua validação social, a retomada de autores clássicos é um modo de reapresentar o projeto científico à sociedade. Este livro é, por esse ângulo, um ato de resistência.

A abordagem de Sanson tem, como principal mérito, demonstrar a importância do tema do *trabalho* para cada um desses três autores que hoje são considerados clássicos do pensamento sociológico, em particular, e das Ciências Sociais, mais amplamente. Trata-se de um tema mais facilmente associado à obra de Marx, por meio de conceitos como *modos de produção*, *relações de produção* e *de trabalho*, *exploração*, *classes sociais*, *capital*, *acumulação de capital* e *capitalismo*, *divisão social do trabalho*, *mais-valia*, *trabalho abstrato*, *trabalho concreto*, *trabalho vivo*, *trabalho morto*, entre muitos outros. Contudo, Sanson nos conduz a um metódico e detalhado percurso pelas obras deste e dos dois outros autores, de modo a nos indicar como o *trabalho* se tornou importante também para esses, em quais obras e sob que concepções. É assim que nos revela os caminhos que levaram Marx a alçar o *trabalho* à categoria central de seu pensamento; que fizeram Durkheim formular o conceito de *divisão do trabalho social* como categoria-chave para a análise da sociedade moderna (condição de constituição da *solidariedade orgânica*); que motivaram Weber a propor uma correspondência histórica no Ocidente entre a *ética do trabalho*, de inspiração protestante, e o surgimento do *espírito do capitalismo*.

Para além disso, Sanson contribui para evidenciar como esses autores podem ainda nos inspirar nas reflexões sobre as tendências atuais do capitalismo e suas implicações para o trabalho. Qual o futuro do trabalho nas condições atuais postas pelo desenvolvimento capitalista? O que as abordagens referenciadas em Marx podem nos dizer sobre as novas dinâmicas de acumulação de capital, os padrões de relações de trabalho que daí derivam, e os novos tipos de conflitos de classes que vêm se manifestando? O que, a partir de conceitos durkheimianos, como *divisão do trabalho social* e *solidariedade social orgânica*, pode-se dizer sobre um tempo em que cada vez mais desarticulam-se os sistemas de proteção social que caracterizaram as sociedades capitalistas mais desenvolvidas na segunda metade do século XX? O que, em um diálogo com o pensamento de Weber, é possível dizer (a exemplo de Boltanski e Chiapello) sobre os novos *espíritos do capitalismo* e quais as *éticas do trabalho* correspondentes?

Que *O trabalho nos clássicos da sociologia: Marx, Durkheim e Weber* tenha a sorte (porque os méritos já os tem) de alcançar as consciências e a disposição dos jovens pesquisadores para que tenhamos uma nova geração de estudos, suficientemente críticos e vigorosos, capazes de estar à altura dos desafios dos tempos atuais.

# Introdução

Marx, Durkheim e Weber interpretaram as consequências do maior evento da modernidade: o capitalismo. Marx anuncia mais de uma vez que "a moderna produção burguesa é, de fato, o nosso verdadeiro tema" (Marx, 2011, p. 41). Weber afirma que o capitalismo é "a mais fatídica potência da nova vida moderna" (Weber, 2020, p. 10) e dedica-se intensamente à compreensão desse acontecimento histórico. Durkheim, por sua vez, também se interessa pelo enigma proposto pela modernidade expandida pelo capitalismo: "Como é que, ao mesmo passo que se torna mais autônomo, o indivíduo depende mais intimamente da sociedade? Como pode ser, ao mesmo tempo, mais pessoal e mais solidário? [...] É este o problema que nos colocamos" (Durkheim, 2019, p. L).[1]

São autores que viveram a explosão, no caso de Marx, e o amadurecimento, no caso de Durkheim e Weber, da revolução industrial; uma revolução que deixou para trás um mundo povoado por camponeses,

---

1 O tema central em Durkheim é, sobretudo, a sociedade moderna; embora não fale explicitamente em capitalismo, fica evidente, no conjunto de sua obra, particularmente em *Da divisão do trabalho social*, que as suas preocupações estão relacionadas às consequências sociais da expansão do capitalismo industrial.

artesãos, monges, guerreiros, andarilhos, mendicantes e mercadores. Esse mundo, denominado de feudalismo, foi sacudido pelo surgimento das altas chaminés e seu chamejar noturno, o trepidar incessante das máquinas, a urbanização acelerada e a agitação das multidões operárias. A revolução industrial é o ponto de partida de uma profunda metamorfose socioeconômica, política e cultural. Foi nessa sociedade, em acelerada mudança, carregada de contradições, que Marx, Durkheim e Weber viveram e por ela foram interpelados. Há uma inquietação vibrante nesses autores em decifrar a essência desse novo período histórico que se inaugura e que abole, de forma devastadora, o que se conhecia anteriormente.

Marx se dá conta de que, nessa nova sociedade, o trabalho foi elevado à condição de centro organizador da vida individual e coletiva. Percebe que a revolução industrial empurrou todos – homens, mulheres, jovens e crianças – ao trabalho sem tréguas e transformou aquela em uma sociedade do trabalho. Doravante, o sentido da vida se faz nessa sociedade do trabalho. Não existe mais exterioridade, tudo concerne e converge ao trabalho. As relações sociais que se constroem, as expectativas que se adquirem, as contradições que emergem, a emancipação que se busca, o olhar de mundo que se tem fazem-se no e a partir do trabalho. Ainda mais: o trabalho, na obra marxiana,[2] ocupa um lugar central para desvendar as entranhas do funcionamento do capitalismo. Em sua obra maior, *O capital*, Marx descreve como o modo de produção capitalista, organizado heteronomamente, esconde os seus dois grandes segredos: a produção do mais-valor e a fetichização da vida social.

A importância que o trabalho assume nessa nova sociedade também não é despercebida por Durkheim. Embora o trabalho não assuma, na obra durkheimiana, a centralidade com que se apresenta em Marx, e

---

[2] Uma breve distinção entre os conceitos literatura *marxiana* e literatura *marxista*: o conceito *marxiana* é sempre uma referência aos textos e as obras de Marx. O conceito *marxista*, por sua vez, refere-se à literatura de outros autores sobre os escritos ou a obra de Marx.

tenha outra significação, também nele desempenha papel central no construto de sua teoria social. Em *Da divisão do trabalho social*, uma das suas mais referenciadas obras, ao interpretar a modernidade, naquilo por ele denominado de sociedade da "solidariedade orgânica", apresenta uma sociedade em que a divisão do trabalho social serve não apenas para a fruição da vida material, mas, sobretudo, é a base moral que possibilita a convivência humana. Em Durkheim, é o trabalho numa sociedade industrializada, urbana e eivada de tensões sociais que cria as condições para uma mínima coesão social.

Em Weber, por sua vez, o trabalho assume relevância na medida em que o autor percebe que este contribui para a resposta da questão maior de sua inquietação intelectual: a compreensão da racionalidade que conforma o capitalismo em sua experiência única no Ocidente. Em *A ética protestante e o espírito do capitalismo*, Weber desenvolve uma tese bastante original: a de que o capitalismo é marcado por um "espírito", um *ethos* originário da Reforma Protestante que exorta as pessoas ao trabalho acerbo, devotado e infatigável como única forma de alcançar a salvação. Ora, é essa concepção espiritual do trabalho que constitui determinada ética profissional que favorecerá o desenvolvimento do capitalismo ocidental e sua singular racionalidade.

Na obra dos autores, portanto, cada um ao seu modo, o trabalho apresenta-se como categoria relevante para a compreensão da vida social. Logo, o objetivo deste livro é introduzir a compreensão que cada um dos autores tem sobre o trabalho nessa nova sociedade que se inaugura de forma avassaladora. Mais do que isso, identificar o lugar do trabalho na origem, definição, e nas contradições das relações sociais que conformam essa nova sociedade moderna, industrializada e urbana. Como destacado, e veremos pormenorizadamente, as abordagens sobre o significado do trabalho e a função social e econômica que desempenha são distintas na obra dos autores, como também é distinto o método que desenvolvem para a compreensão da sociedade. Interessante notar, porém, que, em todos eles, o trabalho ocupa um lugar importante para a compreensão das consequências da expansão do capitalismo. Em uma aproximação aligeirada, pode-se afirmar, *vis-à-vis* ao capital, que, em Marx, o trabalho é o substrato de sua economia; em Durkheim, é a essência de normatização social e, em Weber, a sua legitimação racional-cultural.

O texto desta obra se orienta, portanto, pela descrição e interpretação da categoria trabalho nos clássicos. Ou seja, procura-se, em um primeiro momento, deixar que os próprios autores falem por meio de seus escritos e, na sequência, o argumento interpretativo auxilia a compreensão da escrita do autor. Como poderá se observar, é recorrente o uso de transcrições literais das obras dos próprios autores como método de sustentação fidedigna do que efetivamente pensam. A interpretação do que dizem os autores é utilizada como recurso de compreensão e contextualização. A essa estrutura de texto acrescentam-se, ao final das elaborações sobre cada autor, dois tópicos comuns a todos eles, a saber, o lugar que a categoria trabalho ocupa em seu método e a sua contribuição, a partir do método,[3] para a compreensão do trabalho hoje. Aqui se pretende uma hermenêutica não muito simples, que se trata de uma tentativa de responder à seguinte questão: o que pensariam esses autores da sociedade do trabalho hoje? Como conclusão, empreendemos um esforço em articular um possível diálogo entre os autores, tendo a categoria trabalho como referência.

Resta uma observação não menos importante. Esta obra, embora possa ser lida por todos que se interessam pelo tema do trabalho, foi escrita, sobretudo, pensando-se nos professores que lecionam Sociologia e nos estudantes que se interessam por esse conteúdo. Parte da consideração de que, via de regra, a literatura acerca da categoria trabalho, nos clássicos, é dispersa e precisa ser garimpada nas obras dos

---

[3] Assumimos, aqui, que, a rigor, apenas em Marx o trabalho ocupa centralidade no método de interpretação social. Mesmo assim consideramos interessante uma tentativa de também perscrutar o lugar do trabalho, mesmo que lateralmente, no método dos outros autores.

autores ou em literatura complementar. Logo, reiteramos que o objeto de análise é, especificamente, a categoria trabalho na obra dos autores, e essa análise tem um caráter didático introdutório, ou seja, orienta-se por certo cuidado para que mesmo os eventuais leitores que estão iniciando a sua trajetória no estudo dessa categoria entre os clássicos possam se apropriar de suas principais chaves de leitura.

Àqueles que buscam compreender a dimensão tão importante do trabalho na vida humana, segue esta modesta contribuição.

# O trabalho em Marx

## O LUGAR E A EVOLUÇÃO DO CONCEITO TRABALHO NA OBRA MARXIANA

O trabalho ocupa um lugar central em toda a produção teórica de Marx (1818-1883). Porém, precisa ser entendido no âmbito mais geral de sua crítica da Economia Política e da teoria do capitalismo (Heinrich, 2018a).[1] Ou seja, Marx, em seu esforço descomunal de desvendar o modo de produção capitalista,[2] deu-se conta de que o

---

[1] Heinrich (2018a, p. 21) afirma que "não é exagero considerar as profundas transformações políticas e econômicas ocorridas entre 1780 e 1860 – num primeiro momento, na Europa ocidental e na América do Norte – como uma ruptura fundamental entre épocas da história da humanidade". Marx, afirma Heinrich (2018a, p. 22), "foi um produto dessa ruptura de épocas e, ao mesmo tempo, representou uma excepcional instância de reflexão sobre ela".

[2] Os esforços de Marx para produzir a sua obra não foram poucos. É reconhecida por parte dos biógrafos de Marx uma sucessão de infortúnios (morte de filhos), perseguições (sucessivas expulsões de países), privações (miséria) e precárias condições de saúde que o acompanharam ao longo de sua vida. Essas dificuldades, entretanto, nunca o afastaram do seu objetivo central: o estudo do modo de produção capitalista e a correspondente crítica à sociedade burguesa. Marx trabalhou de forma obstinada, muitas vezes em condições precárias, como atestam as suas inúmeras cartas endereçadas a Engels e a outras pessoas do seu círculo de amizades. Por várias vezes

trabalho desempenha um papel determinante. Na longa trajetória da produção intelectual de Marx, o trabalho foi assumindo importância e centralidade à medida que o autor foi "descobrindo" que o funcionamento do sistema capitalista está ancorado em um "sistema trabalho", produtor de contradições irreconciliáveis.

No conjunto da obra marxiana, o trabalho assume condição multifacetada. Originalmente, é manifestação do metabolismo em relação à natureza; em seguida, manifestação ontológica do se fazer no mundo criativamente e, finalmente, ato de transformação social, uma vez que, subordinado a condições heterônomas em função da evolução das forças produtivas, assume a condição de exploração e pauperização. Constitutivo dessa condição, dá forma à classe e assume potência de emancipação. O trabalho, em Marx, carrega ainda um caráter enigmático, o fetichismo, ocultamento das relações sociais. Outra tese, ainda, pode-se enunciar acerca do lugar que o trabalho

---

se queixou do trabalho estafante, como nessa carta dirigida a Engels (18/12/1857): "Estou envolvido num trabalho gigantesco – a maioria dos dias até às quatro horas da manhã" (Marx e Engels, 2020, p. 112); ou ainda ao mesmo Engels (20/05/1865): "Estou trabalhando como uma besta de carga: tenho que aproveitar todo o tempo em que sou capaz de trabalhar, já que sempre os carbúnculos andam me atormentando; agora, porém, não me molestam mais que localizadamente, sem me afetar o cérebro" (Marx e Engels, 2020, p. 183). As condições de miserabilidade também o acompanharam e chegaram a beirar o desespero, apenas não foram mais dramáticas porque Engels o auxiliava regularmente. Os problemas de saúde também o atormentavam, principalmente a partir dos anos 1850, como relata em carta a Engels (13/02/1866): "Ontem, novamente, não fiz nada, por causa de um maldito de um furúnculo à esquerda, na altura dos rins. Se tivesse dinheiro suficiente para minha família, isto é, mais que > – 0, e se meu livro estivesse já terminado, me seria por completo indiferente ser jogado ao lixo ou, dito de outra forma, estourar hoje ou amanhã". (Marx e Engels, 2020, p. 190). Não foram, portanto, poucos os sacrifícios do autor d'*O capital*, obra, aliás, que o mesmo reconhece como fruto de muito sofrimento, como destaca em carta a Siegfried Meyer (30/04/1867): "Tive que aproveitar cada instante em que podia trabalhar para terminar minha obra, pela qual sacrifiquei saúde, felicidade e família" (Marx e Engels, 2020, p. 199).

ocupa na teoria marxiana: o de que é angular na compreensão do seu método materialista histórico dialético.[3]

Quem procura uma definição literal e categórica do que é trabalho em Marx não encontrará. Essa categoria, entretanto, perpassa o conjunto de sua obra. Diante de uma interrogação do que é o trabalho em Marx, uma resposta didática poderia ser a seguinte: o trabalho em Marx é a atividade que transforma a natureza, o próprio ser humano e a sociedade. O trabalho é objetivação da subjetividade do ser humano. Objetivação da pessoa na produção da vida material e nas relações sociais. Essa tentativa de definição pretensiosa e, certamente, redutora da grandiosidade do tema em Marx, serve também para uma descrição da evolução dessa categoria em suas obras.[4] Nos *Manuscritos econômico-filosóficos* (1844) e n'*A ideologia alemã* (1845-1846), vemos ainda uma interpretação essencialista do conceito trabalho, ou seja, a ideia do trabalho como manifestação subjetiva que, no processo da objetivação – produção –, torna-se alienante. Nessas obras não se vê, ainda, uma noção de trabalho fortemente vinculada aos princípios de historicidade e materialidade; já nas obras *Miséria da filosofia* (1847), *Grundrisse* (1857-1858) e *O capital* (1867), essa categoria assume o seu

---

3 Expressão jamais utilizada por Marx, porém incorporada pela tradição marxista como descrição de seu método investigativo.

4 Quando falamos aqui em obras de Marx, é preciso destacar que muitas de suas produções são resultantes de sua parceria com Friedrich Engels (1820-1895). O teórico e militante alemão teve importância ímpar em toda a elaboração teórica de Marx, não apenas escrevendo a duas mãos, mas debatendo, revisando e sugerindo alterações nos seus escritos. Ainda mais importante, o ensaio *Esboço de uma crítica da Economia Política* (1844) e a obra *A situação da classe trabalhadora na Inglaterra* (1845) foram determinantes para Marx se inteirar respectivamente da importância da Economia Política e da realidade fabril operária. Acerca da parceria Marx e Engels, Heinrich (2018a, p. 25) comenta que "em contraposição à identificação das obras de Marx com as de Engels – pouco importa qual dos dois disse o que, já que se consideram suas afirmações válidas para ambos".

caráter materialista, o *leitmotiv*[5] da transformação social. É evidente que essa síntese é aligeirada e frágil, mas ilustra um conduto do sentido que o trabalho vai assumindo na teoria marxiana.

É recorrente, nas leituras sobre a vida e obra de Marx, a classificação hierarquizada do "jovem Marx" e do "velho Marx" que corresponderiam respectivamente à transição do pensamento de caráter inicial mais filosófico para um pensamento político-econômico.[6] Essa gradação, com suas limitações, também pode ser incorporada à análise da categoria trabalho. Embora não seja muito adequado, é aceitável a afirmação de que a obra *O capital* sintetiza a compreensão da essência da categoria trabalho em Marx. O que se quer dizer é que, dos *Manuscritos econômico-filosóficos* ao *O capital*, passando por *A ideologia alemã*, *Miséria da filosofia* e os *Grundrisse*, vê-se um *continuum* se adensando e dando corpo à fundamentação teórica da categoria trabalho. Quando afirmamos, em contrapartida, que não é muito adequada essa leitura linear da categoria trabalho em Marx, queremos destacar que este

5 Nas obras supracitadas, Marx aprofunda-se nos estudos da Economia Política e dá início a sua teoria valor-trabalho que demarca uma ruptura com o conceito de trabalho dos economistas clássicos (Smith e Ricardo). A teoria valor-trabalho [mais-valor] é condição indispensável para a compreensão da exploração de classe, porém, dialeticamente, é nessa exploração que reside a potência da emancipação dos trabalhadores.

6 Há ainda os que acrescentam, como Musto (2018), a essa "divisão" do "jovem Marx" e do "velho Marx", o "último Marx". Essa divisão entre o jovem e o velho Marx é objeto de polêmica entre pesquisadores da obra de Marx. Nem todos consideram correta ESSA nomenclatura. É o que afirma, por exemplo, Heinrich (2018b, p. 30): "Acho que devemos ter muita cautela com periodizações do tipo 'jovem Marx' e 'Marx maduro'. Eu sustento que não há períodos fixos da vida como o 'jovem', 'o adulto' ou 'o velho'. Essas coisas não passam de construções dos biógrafos. Também no tocante ao desenvolvimento da obra de Marx, nego tanto a tese que propõe uma continuidade (que há um desenvolvimento contínuo sem rupturas incisivas) quanto a tese da ruptura (que há uma ruptura incisiva entre a obra do 'jovem Marx' e do 'Marx maduro'). Claro que houve rupturas, mas elas aconteceram em épocas diferentes e em campos de pesquisa diferentes, e não é possível construir 'a ruptura' [no singular] a partir de todas essas rupturas bastante diferentes. Neste sentido, não há apenas um único jovem Marx, mas vários, com diferentes temas e realizações na filosofia, política e economia".

conceito em sua obra precisa ser lido de acordo com as ferramentas analíticas que utiliza em distintos períodos de sua reflexão. Sendo assim, vemos que, n'*A ideologia alemã*, Marx dialoga criticamente com Hegel[7] e Feuerbach,[8] utilizando-se da filosofia como ferramenta de análise; já n'*O capital*, parte-se de outra ferramenta instrumental teórica: a crítica à Economia Política. Logo, se por um lado se percebe que há gradação e lógica epistemológica na análise da categoria trabalho em Marx, é importante, por outro, dar-se conta de que a compreensão da categoria trabalho se faz diversa nas obras a partir de ferramentas analíticas distintas. A evidência maior, entretanto, está no fato de que o conceito trabalho, em Marx, muda significativamente à medida que se adentra nos estudos da Economia Política. Esse ganho de análise, somado às reflexões anteriores, possibilita a construção de um mosaico que ajuda a entender o que realmente Marx pensa.

Apresentamos na sequência um olhar diacrônico sobre o conceito do trabalho em Marx para, depois, interpretar o seu método. Concluiremos com uma aproximação hermenêutica da categoria do trabalho em Marx para os dias de hoje. Essa abordagem diacrônica é, antes de tudo, didática, porque permite perceber como o autor alemão vai compreendendo o significado do trabalho, ao longo de sua produção teórica. Optamos, aqui, pela seleção de seis obras – *Manuscritos econômico-filosóficos* (1844), *A ideologia alemã* (1845-1846), *Miséria da filosofia* (1847), *Manifesto comunista* (1848), *Grundrisse* (1857-1858) e *O capital* (1867).[9] Essas obras demarcam a trajetória para uma boa interpretação do conceito de trabalho em Marx.

---

7 Georg Wilhelm Friedrich Hegel (1770-1831). Suas principais obras são *Fenomenologia do espírito* (1807), *A ciência da lógica* (1812-1816) e *Princípios da filosofia do direito* (1817-1830).

8 Ludwig Andreas Feuerbach (1804-1872). Suas principais obras são: *Da razão, una, universal, infinita* (1828), *Sobre a crítica da filosofia positiva* (1838), *Crítica da filosofia hegeliana* (1839), *A essência do cristianismo* (1841), *A essência da religião* (1846).

9 Em 1867 foi publicado o primeiro volume d'*O capital*. Os volumes posteriores, II e III, foram publicados, respectivamente, nos anos de 1885 e 1894.

## O trabalho nos *Manuscritos Econômico-Filosóficos*

Marx faz suas primeiras referências relevantes acerca da categoria trabalho nos *Manuscritos econômico-filosóficos.*[10] Escritos entre maio e agosto de 1844, até hoje suscitam fortes controvérsias de caráter hermenêutico (Musto, 2019). Nos *Manuscritos...*, é visível a ruptura com o idealismo hegeliano como modo de compreensão da vida social.[11]

Faz-se necessário um parênteses aqui. É inquestionável a importância das obras de Hegel e Feuerbach no pensamento marxiano.[12] Os dois filósofos alemães exerceram uma influência ímpar na produção teórica de Marx e Engels. Marx militou nos círculos da esquerda hegeliana.[13] A importância de Hegel se explica pelo contexto do que viria a ser futuramente a Alemanha, à época um território fragmentado e atrasado sob a perspectiva das forças produtivas, quando comparado à França e Inglaterra. O pensamento hegeliano – e aqui reside sua influência – é precípuo em criar as bases filosóficas para a justificação da criação e do fortalecimento do Estado, instrumento indispensável para a unificação e modernização do território. Em contrapartida, apesar de

---

[10] István Mészáros (2016, p. 17) considera "inquestionavelmente a obra filosófica mais discutida no século XX".

[11] A ruptura a que nos referimos aqui, vale pontuar, é com o "idealismo hegeliano" e não com o seu método de construção dos argumentos.

[12] Heinrich (2018a, p. 185) afirma que "até hoje há uma discussão controversa acerca da influência de Hegel sobre Marx. De fato, a análise da relação Marx-Hegel depende do modo de interpretar a filosofia hegeliana. As opiniões sobre Hegel dividem-se de maneira tão amplamente variada quanto as opiniões sobre Marx, com a diferença de que esse amplo espectro de opiniões existe tanto entre marxistas quanto entre críticos de Marx".

[13] O tema da "esquerda hegeliana" é controverso, assim como é discutível a divisão que se faz entre "jovem hegelianismo" e "velho hegelianismo". Segundo Heinrich (2018a, p. 338), "é um grande exagero afirmar que a escola hegeliana se divide em duas escolas hostilmente antagônicas – uma de direita e 'velho-hegeliana' e outra de esquerda e 'jovem-hegeliana'". Para uma melhor compreensão desse debate, remetemos para a interpretação de Heinrich (2018a, p. 315-360). Conscientes desse reducionismo, adotamos o conceito de "esquerda hegeliana" pela ampla aceitação que encontra na literatura marxista.

uma interpretação da função da religião que transita da transcendência para a imanência, Hegel não rompe com a centralidade do papel da religião e mesmo da Igreja à época.

A esquerda hegeliana surge sob a ideia de que se faz necessário o rompimento com a religião,[14] já que esta bloqueia a evolução das forças produtivas que possibilitam a modernização. Os jovens hegelianos se voltam agora contra o seu mestre, se tornam ateus e militam pelo rompimento da influência da esfera religiosa na sociedade. Entre esses militantes-pensadores, Feuerbach é dos mais importantes porque foi ele quem mais avançou na crítica a Hegel. A intuição fundamental do sistema hegeliano é de que,[15] no universo, todos os fenômenos são manifestações inteligíveis, *a priori*, de uma realidade única: o *Espírito Absoluto*, manifestação ontológica de Deus no mundo que não pode conter elemento irracional ou inexplicável. *O Espírito Absoluto* se manifesta no *Ser-Outro*, no ser humano, na natureza e realiza-se, concretiza-se nas obras do Espírito – religião, filosofia, moral, direito e Estado. Em Hegel, o mundo é a realização de Deus, e a história com os homens, a sua continuidade.

Feuerbach critica o lugar da religião no sistema hegeliano ao afirmar que não foi Deus quem criou o homem, mas foi o homem quem criou Deus. Ainda mais, o homem não é a imagem e semelhança de Deus, é o contrário, é o homem que se objetiva em Deus e projeta nele as

---

[14] Seus membros eram conhecidos como jovens hegelianos e posteriormente como hegelianos de esquerda (ver nota de rodapé anterior). Reunia estudantes e professores, sobretudo da Universidade Humboldt de Berlim (Alemanha), da qual Hegel foi professor por muitos anos e fez seguidores. Dentre os mais conhecidos e que travaram contato com Marx encontram-se Bruno Bauer, Ludwig Feuerbach e Max Stirner.

[15] Para uma melhor compreensão do diálogo da filosofia hegeliana com Marx, remetemos para as obras *Trabalho e dialética* (Ranieri, 2011); *Marx e a crítica do modo de representação capitalista* (Grespan, 2019, p. 169-178); *Sobre as fontes filosóficas de pensamento de Karl Marx* (Vaz, 1978, p. 161-176); *Karl Marx e o nascimento da sociedade moderna: biografia e desenvolvimento de sua obra* (Heinrich, 2018a).

suas melhores qualidades: sabedoria, coragem, bondade, entre outras. Portanto, a religião nada mais é do que a projeção dos desejos dos homens; assim, a essência não está em Deus, está nos homens. Nessa interpretação feuerbachiana, a alienação ocorre quando o homem não percebe que ele é a própria essência. É exatamente Feuerbach que dará o primeiro *insight* para as proposições de Marx.[16] Porém, no lugar da religião como alienação, Marx colocará o modo de produção capitalista. A sacada original de Marx é de que a alienação/ estranhamento como mecanismo de sufocamento do ser humano se encontra na materialidade das relações de produção, e não na religião.

Os *Manuscritos...*, portanto, apesar do seu caráter aparentemente fragmentário, expressam a inquietude de Marx com as explicações insuficientes acerca da complexidade social. Para ele, Hegel e Feuerbach já não davam conta das contradições sociais. Esse desassossego suscita o seu interesse pela Economia Política e pela análise e interpretação da alienação/estranhamento. Não é um exagero afirmar que os *Manuscritos econômico-filosóficos* são um grande esboço, uma espécie de "plano de voo" de categorias que Marx retomará com fôlego em obras posteriores, particularmente n'*O capital.* Como destaca Mészáros (2016), os *Manuscritos...* constituem o primeiro sistema abrangente de Marx. É, portanto, nessa obra, que vemos a primeira imersão de Marx nos estudos da Economia Política, onde trava os primeiros diálogos com os clássicos dessa área, entre os mais conhecidos Adam Smith[17] e David

[16] Dentre os hegelianos intitulados de esquerda, Feuerbach é o mais respeitado por Marx, que, em determinados momentos, faz-lhe referências elogiosas, como quando afirma nos *Manuscritos econômico-filosóficos*: "Feuerbach é o único que tem para com a dialética hegeliana um comportamento *sério, crítico,* e [o único] que fez verdadeiras descobertas nesse domínio" (Marx, 2004, p. 117). Também n'*A ideologia alemã,* quando afirma: "Feuerbach é o único que fez algum progresso" (Marx e Engels, 2007, p. 87), referindo-se a sua crítica ao sistema hegeliano de análise social.

[17] Adam Smith (1723-1790). Suas obras mais conhecidas são *A riqueza das nações* (1776) e *Teoria dos sentimentos morais* (1759).

Ricardo.[18] É através da crítica à Economia Política que o trabalho,[19] sobretudo a partir da *teoria do valor*, vai assumir um lugar de destaque no pensamento de Marx. O autor já intui aqui o ocultamento da teoria valor-trabalho por parte da Economia Política. Em mais de uma passagem nos *Manuscritos...* há indicações desse fato, como se observa, por exemplo, na afirmativa:

> A economia nacional parte do fato dado e acabado da propriedade privada. Não explica o mesmo. Ela percebe o processo material da propriedade privada, que passa, na realidade [*Wirclichkeit*], por fórmulas gerais, abstratas, que passa a valer como leis para ela. Não *concebe* [*begreift*] estas leis, isto é, não mostra como têm origem na essência da propriedade privada. A economia nacional não nos dá esclarecimento algum a respeito do fundamento [*Grund*] da divisão entre trabalho e capital, entre capital e terra. (Marx, 2004, p. 79)[20]

Ou ainda:

> Sobre a essência da divisão do trabalho – a qual tinha de ser naturalmente apreendida como um motor principal de produção de riqueza tão logo o trabalho fosse reconhecido como essência da propriedade privada – isto é, sobre esta figura estranhada e exteriorizada da atividade humana enquanto atividade genérica, os economistas nacionais são muito obscuros e contraditórios. (Marx, 2004, p. 149)

A força dos *Manuscritos...*, porém, encontra-se na refinada análise do lugar do trabalho na sociedade não apenas como fonte de exploração, mas também como lugar de alienação/estranhamento. Também nesse livro se anuncia a análise do modo de produção capitalista, conteúdo central da obra *O capital*.

---

18 David Ricardo (1772-1823). Sua principal obra é *Princípios da política econômica e da tributação* (1817).

19 Nos *Manuscritos econômico-filosóficos* Marx ainda não fala em Economia Política, mas em economia nacional.

20 As palavras, no original alemão da citação, dizem respeito a conceitos ou palavras multissignificantes. O itálico reproduz destaques do próprio Marx, como se estivesse querendo reforçar o seu argumento. Nota da edição dos *Manuscritos*.

Como a própria obra assume em seu título, trata-se de uma abordagem de dupla dimensão: filosófica e econômica. É interessante perceber que, sob a perspectiva da categoria trabalho, há uma reverberação entre as duas áreas e que revela que o trabalho, *locus* de toda a atividade humana e que carrega em si a potência de autorrealização e emancipação ao ser apropriado pela lógica privada – propriedade privada – se transforma no lugar da coisificação, alienação/estranhamento do próprio ser humano. Logo, todos os enunciados acerca do trabalho, mesmo que em linhas gerais, presentes nas obras posteriores de Marx já se encontram nessa obra. Interessa-nos, sobretudo nos *Manuscritos*, o conteúdo do *trabalho alienado/estranhado*. Esse conceito é chave em toda a obra marxiana. Mészáros (2016) afirma que Marx reputa a *alienação/estranhamento do trabalho* como a sua grande descoberta histórica, que abre a janela para a desmistificação da Economia Política e, por conseguinte, do modo de produção capitalista e, para além disso, para a supressão do próprio sistema capitalista. A questão central, e aqui utilizamos Mészáros (2016), manifesta na alienação/estranhamento é a mediação do capital, que penetra a atividade humana (trabalho ontológico). Temos, então, o capital – a propriedade privada –apropriando-se do trabalhador e expropriando-o, transformando-o em mercadoria. Essa síntese será exposta mais tarde de forma magistral n'*O capital*, quando Marx afirma que, doravante, no modo de produção capitalista, o "morto domina o vivo", ou seja, a maquinaria, mas também a mercadoria, domina o trabalhador. O conceito de alienação/estranhamento do trabalho prenuncia outra categoria original de Marx, o fetichismo, que abordaremos mais à frente.

Retornemos ao conceito de alienação/estranhamento e à sua relação com o trabalho. A primeira observação importante é que embora seja recorrente na literatura marxiana a tradução e utilização dos conceitos como sinônimos, na realidade há uma distinção conceitual entre essas categorias. Muitos autores – Mészáros (2016), Ranieri (2004), Keller (2018) – destacam essa distinção. Em sua apresentação à obra *Manus-*

*critos Econômicos-Filosóficos*, da qual é o tradutor para uma das edições brasileiras mais referenciadas, Ranieri (2004) destaca uma distinção conceitual entre *entäusserung* (alienação) e *entfremdung* (estranhamento). No primeiro caso, na *entäusserung* (alienação) manifesta-se a transferência da atividade trabalho para o objeto do trabalho, ou seja, o processo de objetivação da subjetivação. Nesse caso, o objeto se exterioriza de quem o produziu. O conceito *entfremdung* (estranhamento) condensa, por sua vez, o conjunto das exteriorizações que se fazem sobretudo pelo trabalho, mas não apenas por ele. O estranhamento, no caso, diz respeito, acima de tudo, à inversão que o capitalismo promove na sociedade entre as pessoas e as coisas. Como destaca Holloway (2003, p. 97), "Marx condena o capitalismo não apenas pela miséria que provoca, mas sobretudo pela inversão entre coisas e pessoas: em outras palavras, pela fetichização das relações sociais". Aliás, o sofisticado conceito de fetichização encontra sua origem nas primeiras reflexões de Marx sobre alienação/estranhamento.

Vejamos como Marx utiliza os conceitos nos *Manuscritos.* O autor afirma que o trabalho não produz apenas mercadorias, mas produz a si mesmo como uma mercadoria. Esse fato, diz ele,

> nada mais exprime, senão: o objeto [*Gegenstand*] que o trabalho produz, o seu produto, se lhe defronta como *um ser estranho*, como um *poder independente* do produto. O produto do trabalho é o trabalho que se fixou num objeto, fez-se coisa [*sachlich*], é a *objetivação* [*Vergegenständlichung*] do trabalho. A efetivação [*Verwirklichung*] do trabalho é a sua objetivação. Essa efetivação do trabalho aparece ao estado nacional-econômico como *desefetivação* [*Entwirklichung*] do trabalhador, a objetivação como *perda do objeto e servidão ao objeto*, a apropriação como *estranhamento* [*Entfremdung*], como alienação [*Entäusserung*]. (Marx, 2004, p. 80)

O trabalho, destaca Marx, passa por um processo de descolamento da atividade original de apropriação do estar no mundo, na medida em que o trabalhador não mais se reconhece nele e nos produtos que produz:

> O trabalho mesmo se torna um objeto, do qual o trabalhador só pode se apossar com os maiores esforços e com as mais extraordinárias inter-

rupções. A apropriação do objeto tanto aparece como estranhamento [*Entfremdung*] que, quanto mais objetos o trabalhador produz, tanto menos pode possuir e tanto mais fica sob o domínio do seu produto, do capital. (Marx, 2004, p. 81)

Continua Marx:

> Com efeito, segundo esse pressuposto está claro: quanto mais o trabalhador se desgasta trabalhando [*ausarbeitet*], tanto mais poderoso se torna o mundo objetivo, alheio [*fremd*] que ele cria diante de si, tanto mais pobre se torna ele mesmo, seu mundo interior, [e] tanto menos [o trabalhador] pertence a si próprio. (Marx, 2004, p. 81)

Temos aqui a efetivação do processo de estranhamento do trabalhador em relação ao seu trabalho, ao produto do seu trabalho e a sua presença no mundo:

> A *exteriorização* [*Entäusserung*] do trabalhador em seu produto tem o significado não somente de que seu trabalho se torna um objeto, uma existência *externa* [*äussern*], mas, bem além disso, [que se torna uma existência] que existe *fora dele* [*ausserihm*], independente dele e estranha a ele, tornando-se uma potência [*Macht*] autônoma diante dele, que a vida que ele concedeu ao objeto se lhe defronta hostil e estranha. (Marx, 2004, p. 81)

Logo, em Marx, o estranhamento assume um duplo sentido. No primeiro deles, o fato de que o resultado do trabalho, os objetos produzidos pelos trabalhadores, deles se exteriorizam e apagam-se as relações contidas na produção. Temos aqui uma das mais contundentes críticas à Economia Política burguesa por Marx (2004, p. 82): "A economia nacional oculta o estranhamento na essência do trabalho porque não considera a relação imediata entre o trabalhador (o trabalho) e a produção". Porém, o estranhamento se manifesta também no ato de produzir, na relação com os produtos do seu trabalho:

> O estranhamento não se mostra somente no resultado, mas também, e principalmente, no *ato da produção*, dentro da própria *atividade produtiva*. [...] O produto é, sim, somente o resumo [*Resumé*] da atividade da produção. Se, portanto, o produto do trabalho é a exteriorização, então a produção mesma tem de ser a exteriorização ativa, a exteriorização da

atividade, a atividade da exteriorização. No estranhamento do objeto do trabalho resume-se somente o estranhamento, a exteriorização na atividade do trabalho mesmo. (Marx, 2004, p. 82)

O processo de alienação/estranhamento provoca, em síntese, segundo Marx: 1) estranhamento da natureza; 2) estranhamento de si mesmo; 3) estranhamento de sua presença na sociedade como membro da espécie humana; e 4) estranhamento em relação a outros homens. Sob a perspectiva do trabalho, quando ele está subordinado à lógica das forças produtivas, leva o trabalhador a uma objetivação do sujeito e a uma subjetivação do objeto, ou seja, o sujeito (trabalhador) se torna uma coisa e o objeto (mercadoria) ganha vida.

## O TRABALHO N'*A IDEOLOGIA ALEMÃ*

*A ideologia alemã* (1845-1846),[21] que contou com a parceria de Engels, é ainda mais assimilável quando lida na sequência dos *Manuscritos econômico-filosóficos*, pois fora escrita um ano depois desta e obedeceu ao propósito específico de desconstruir (algo já presente na obra anterior)[22] o sistema de interpretação social de Hegel e de seus seguidores, particularmente os hegelianos de esquerda.[23] Basicamente, a ideia central dos escritos é demonstrar que a existência da vida humana

---

[21] *A ideologia alemã* foi escrita entre os anos de 1845 e 1846. O manuscrito tem como subtítulo "Crítica da mais recente filosofia alemã em seus representantes Feuerbach, B. Bauer e Stirner, e do socialismo alemão em seus diferentes profetas". Os autores não a publicaram. No Prefácio de *Contribuição à crítica da Economia Política* (1859), Marx (2008, p.49) faz referência a esse escrito no qual afirma: "O manuscrito [*A ideologia alemã*], dois grossos volumes em oitavo, já se encontrava há muito tempo em mãos do editor na Westphalia, quando nos advertiram que uma mudança de circunstâncias criava obstáculos à impressão. Abandonamos o manuscrito à crítica roedora dos ratos, tanto mais a gosto quanto já havíamos alcançado nosso fim principal, que era nos esclarecer". A obra foi publicada apenas nos anos 1930.

[22] Novamente, aqui se faz necessária a observação de que a desconstrução refere-se ao "idealismo hegeliano" e não necessariamente ao método utilizado por Hegel na construção de sua fundamentação teórica.

[23] Bruno Bauer, Max Stirner, Karl Grün e Ludwig Feuerbach.

individual e social é determinada pelas relações que se produzem na concretude da vida material. Em outras palavras, não é a consciência humana – e aqui a crítica ao idealismo hegeliano – que determina a vida, mas sim a vida material que determina a consciência. Os autores se opõem à filosofia alemã "que desce do céu à terra" e criticam duramente os filósofos da esquerda hegeliana, que pretensamente teriam superado o sistema hegeliano de interpretação social. Marx e Engels os denominam de "conservadores" e acusam-nos de não terem abandonado uma concepção de análise ainda mediada pela representação religiosa:

> Tal concepção é verdadeiramente religiosa, pressupõe o homem religioso como o homem primitivo do qual parte toda a história e, em sua imaginação, põe a produção religiosa de fantasias no lugar da produção real dos meios de vida e da própria vida. (Marx e Engels, 2007, p. 44)

Para os autores, os seguidores de Hegel ficaram presos à determinação da "consciência" como potência criadora da vida humana e da vida social, quando, na verdade, não percebem que "a consciência já é um produto social" e é determinada pelas relações sociais. Segundo Marx e Engels (2007, p. 94),

> não é a consciência que determina a vida, mas a vida que determina a consciência. No primeiro modo de considerar as coisas, parte-se da consciência como do indivíduo vivo; no segundo, que corresponde à vida real, parte-se dos próprios indivíduos reais, vivos, e se considera a consciência apenas como *sua* consciência.

A primazia da consciência sobre a realidade é o equívoco maior dos hegelianos de esquerda, afirmam Marx e Engels. Para estes últimos, a essência da compreensão social reside nas relações de produção. Na origem de tudo está o trabalho. Afirmam os autores:

> O primeiro ato histórico é, pois, a produção dos meios para a satisfação dessas necessidades, a produção da própria vida material, e este é, sem dúvida, um ato histórico, uma condição fundamental de toda a história, que ainda hoje, assim como há milênios, tem de ser cumprida diariamente, a cada hora, simplesmente para manter os homens vivos. (Marx e Engels, 2007, p. 33)

O trabalho (e seu respectivo modo de produção), portanto, é o fator central e determinante que explica o processo de formação das sociedades, a constituição de suas instituições e o surgimento da propriedade privada. Ainda mais importante é o trabalho que explica as contradições sociais. Logo, para os autores, a sociedade – qualquer sociedade – é resultado do desenvolvimento das forças produtivas, particularmente da divisão do trabalho e das relações de troca. O trabalho – e não a consciência – é a mediação para a compreensão das determinações sociais.

Deriva dessa premissa outra importante, a de que a história que se produz nos diferentes períodos é consequência das relações de produção: "A história nada mais é do que o suceder-se de gerações distintas, em que cada uma delas explora os materiais, os capitais e as forças de produção a ela transmitidas pelas gerações anteriores" (Marx e Engels, 2007, p. 40). Segundo eles, nas diferentes fases de desenvolvimento das sociedades humanas, tribal, comunal e/ou estatal antiga e feudal, têm-se a base material, a base produtiva como determinante das relações sociais e das classes que se constituem. É a *divisão social do trabalho* que determina a constituição dos grupos e classes sociais. Marx e Engels reconstituem o sistema trabalho dos antigos modos de produção até o surgimento do modo de produção capitalista. Afirmam que

> a separação entre cidade e campo também pode ser apreendida como a separação entre capital e propriedade da terra, como o início de uma existência e de um desenvolvimento capital independentes da propriedade da terra, o início de uma propriedade que tem como base apenas o trabalho e a troca. (Marx e Engels, 2007, p. 52)

Segundo os autores, o desmantelamento do sistema feudal, a implosão do modelo da corveia e a fuga dos servos para as cidades deram início à pressão sobre o sistema de produção das corporações de ofício.[24] Com a ampliação do comércio entre as cidades, a baixa produtividade

[24] A corveia é o que deve um arrendatário ao seu senhor, ou seja, certo número de dias de trabalho na terra senhorial. O arrendatário se torna livre para organizar seu trabalho, porém, como a sua lavoura é insuficiente para a provisão familiar, ele

das corporações, o aumento da população e o excedente de mão de obra, as manufaturas começaram a substituir as corporações. Afirmam Marx e Engels (2007, p. 56):

> A manufatura tornou-se, ao mesmo tempo, um refúgio de camponeses contra as corporações que os excluíam ou remuneravam mal, do mesmo modo que anteriormente as cidades dominadas pelas corporações haviam sido refúgio aos camponeses contra a nobreza que os oprimia.

Ainda mais significativo, a manufatura institui o assalariamento. Destacam os autores:

> Ao mesmo tempo, com a manufatura, modificou-se a relação do trabalhador com o empregador. Nas corporações continuava a existir a relação patriarcal entre oficiais e mestres; na manufatura, introduziu-se em seu lugar a relação monetária entre trabalhador e capitalista, uma relação que, no campo e nas pequenas cidades, permaneceu tingida de patriarcalismo, mas que nas cidades maiores, verdadeiramente manufatureiras, perdeu logo quase toda a coloração patriarcal. (Marx e Engels, 2007, p. 57)

A manufatura ampliou o comércio e com ele possibilitou o surgimento da burguesia:

> A expansão do comércio e da manufatura acelerou a acumulação do capital móvel, ao passo que nas corporações, que não recebiam nenhum estímulo para a ampliação da produção, o capital natural permanecia estável ou até mesmo diminuía. O comércio e a manufatura criaram a grande burguesia. (Marx e Engels, 2007, p. 57)

Foi esse movimento, o surgimento da burguesia, que possibilitou o surgimento da grande indústria que substituirá as manufaturas e transformará as cidades em cidades industriais. Esse novo modo produtivo da grande indústria, ancorado no maquinário, colocará em relevo o proletariado:

> A grande indústria criou uma classe que tem em todas as nações o mesmo interesse e na qual toda nacionalidade já está destruída; uma classe que,

---

alugará o seu trabalho para o senhor. A corveia marca uma dependência pessoal de servidão e sucede à escravidão.

> de fato, está livre de todo o mundo antigo e, ao mesmo tempo, com ele se defronta. A grande indústria torna insuportável para o trabalhador não apenas a relação com o capitalista, mas sim o próprio trabalho. (Marx e Engels, 2007, p. 61)

O proletariado, anunciam os autores, colocará em marcha o "movimento de classe do proletariado" protagonista de outra sociedade, a sociedade comunista. Dizem os autores:

> que tanto para a criação em massa dessa consciência comunista quanto para o êxito da própria causa faz-se necessária uma transformação massiva dos homens, o que só se pode realizar por um movimento prático, por uma *revolução*; que a *revolução*, portanto, é necessária não apenas porque a classe dominante não pode ser derrubada de nenhuma outra forma, mas também porque somente com uma revolução a classe *que derruba* detém o poder de desembaraçar-se de toda a antiga imundície e de se tornar capaz de uma fundação da sociedade. (Marx e Engels, 2007, p. 42)

Os autores querem dar ênfase ao fato de que a história é um movimento em aberto. A evolução das forças produtivas e seus diferentes modos produtivos revolucionam permanentemente a sociedade. Aqui reside a essência da crítica à ideologia alemã, a crítica de que é a práxis que movimenta as ideias e não o contrário, como fizeram supor os seguidores de Hegel, intitulados de neo-hegelianos. É essa releitura da dialética hegeliana, a introdução da originalidade do *materialismo histórico* na interpretação social, que se apresenta como a novidade em relação ao saber absoluto hegeliano. Afirmam Marx e Engels (2007, p. 42-43):

> Ela [a sociedade] não tem necessidade, como na concepção idealista da história, de procurar uma categoria em cada período, mas sim de permanecer constantemente sobre o solo da história real; não de explicar a práxis partindo da ideia, mas de explicar as formações ideais a partir da práxis material e chegar, com isso, ao resultado de que todas as formas e [todos os] produtos da consciência não podem ser dissolvidos por obra da crítica espiritual, por sua dissolução na 'autoconsciência' ou na sua transformação em 'fantasma', 'espectro', 'visões' etc., mas apenas pela demolição prática das relações sociais reais [*realen*] de onde provêm essas enganações idealistas; não é a crítica, mas a revolução a força motriz da história e também da religião, da filosofia e de toda forma de teoria.

Essa originalidade do pensamento marxista dá conteúdo à relação entre infraestrutura e superestrutura. Ao contrário das derivações a partir do pensamento hegeliano e do que muitos afirmam, não é a superestrutura que determina a infraestrutura, mas o contrário. Sendo assim, a ideologia, o Estado, as instituições são resultantes do modo de produção econômico, e não ao revés. A consciência não produz ideologia, o que cria ideologia é o processo da vida real: "A consciência [*Bewusstsein*] não pode jamais ser outra coisa do que o ser consciente [*bewusste Sein*], e o ser dos homens é o seu processo de vida real" (Marx e Engels, 2007, p. 94).

## O trabalho na *Miséria da filosofia*

Uma substancial mudança do sentido da categoria trabalho em Marx, em relação às obras anteriores, é verificada na publicação de *Miséria da filosofia* (1847). A motivação do escrito é contra-argumentar as ideias de Proudhon[25] em seu livro *Filosofia da miséria* (1846).[26] Em *Miséria da filosofia*, Marx revela o amadurecimento dos seus estudos de Economia Política que, doravante, se tornará o eixo central de todas as suas análises. Marx progressivamente abandona a fundamentação mais filosófica como matriz de seus escritos e entra em cheio no uso da Economia Política como ferramenta da interpretação social.

A irritação de Marx com Proudhon deve-se à fragilidade da fundamentação da teoria-valor do pensador francês, o aparente saudosismo de um sistema de trabalho centrado nas corporações de ofício e a ingenuidade ou cegueira em não se dar conta das contradições irreconciliáveis em curso a partir de um novo modo produtivo que se instaura. A obra é também apontada como uma espécie de síntese dos estudos de Economia Política a que Marx chegara até o momento. Nesse sentido, a crítica aos

[25] Pierre-Joseph Proudhon (1809-1865). Operário impressor, artesão-comerciante e autodidata, escreveu obras como *Filosofia da miséria* e *O que é a propriedade?*

[26] Título completo: *Système des contradictions économiques, ou, Philosophie de la misère.*

escritos de Proudhon é também uma forma de expor a sua leitura sobre a mudança de patamar das forças produtivas à época. Há, ainda, outro aspecto importante nesse texto. Nele, Marx afirma com mais consistência os elementos do método materialista histórico dialético.

O que há de substancial nessa obra são as intuições de Marx acerca da teoria do valor-trabalho, um conceito importante na Economia Política clássica. Desde Adam Smith, superando as teorias mercantilistas[27] e fisiocratas,[28] já não se questionava que a fonte de riqueza residia no trabalho, particularmente, na divisão social do trabalho, que permite aumentar exponencialmente a produtividade. Outra percepção significativa da Economia Política de Smith e Ricardo é de que ao mercado não interessa o valor de uso das mercadorias, mas sim o valor de troca, e de que o trabalho e o trabalhador também se transformam em mercadorias. É a partir dessas premissas que Marx inicia a sua conceituação da teoria valor-trabalho e chega a conclusões não percebidas pelos economistas clássicos.

Aqui, já se vê uma novidade, trazida por Marx, em relação à escola clássica da Economia Política. A sua análise da teoria do valor e, particularmente, da teoria do valor-trabalho está ancorada no modo produtivo que se instaura com velocidade, no nascedouro do capitalismo. A sua investigação social apresenta elementos de historicidade, de concretude da análise das forças produtivas que diferem da análise smithiana e ricardiana em que as categorias econômicas revelam certo

---

27 Corrente econômica que preponderou entre os séc. XV e XII e que credita a riqueza de uma nação a sua capacidade de acumular metais preciosos, sobretudo ouro e prata. Sob a perspectiva comercial, adota medidas protecionistas, incrementa as exportações e restringe as importações.

28 Corrente econômica originária da França no séc. XVIII, que considerava que a riqueza de uma nação está vinculada à exploração da terra, a sua capacidade e potencial de produção agrícola. Defendia a liberdade de ação econômica. Seu principal teórico foi François Quesnay, médico da corte francesa e autor da célebre frase "*laissez-faire, laissez-passer*" (deixai fazer, deixai passar), atribuída por muitos, equivocadamente, como sendo de Adam Smith.

descolamento da realidade social e assumem uma lógica própria. Aliás, assim como em *A ideologia alemã*, Marx (2017a, p. 98), novamente, fustiga esses autores: "Os economistas nos explicam como se produz nessas relações dadas, mas não nos explicam como se produzem essas relações, isto é, o movimento histórico que as engendra".

A elaboração da teoria do valor e, particularmente, da teoria do valor-trabalho, que começa a ser elucidada por Marx, nessa obra, parte da contestação a Proudhon e sua elaboração do conceito de *valor de troca*. Para Marx, Proudhon revela desconhecimento de como funciona a economia, faz uma série de confusões, alude a possíveis novidades que já tinham sido ditas pelos clássicos da Economia Política e, quando os interpreta, o faz equivocadamente. Em suma, demonstra fragilidade em sua construção teórica e, pior ainda, arrogância, ao não perceber a ignorância de seus argumentos, o que faz Proudhon parecer ainda mais risível aos olhos de Marx.

Em carta dirigida a um amigo sobre o livro de Proudhon, afirma Marx (2017, p. 187-189):[29] "o livro me pareceu, de modo geral, muito ruim. [...] incapaz de seguir o movimento real da história, o sr. Proudhon nos oferece uma fantasmagoria, que tem a pretensão de ser uma fantasmagoria dialética".

Na verdade, Marx está mesmo interessado em discutir a teoria do valor de Ricardo. Proudhon serve como mediação para acessar os argumentos do economista. Marx acusa Proudhon de plagiar Ricardo e de não o ter compreendido mesmo no plágio. Por isso, depois de desconstruir os argumentos do socialista francês, Marx o abandona e passa a discutir a teoria do valor de Ricardo, que é, de fato, quem "nos apresenta o movimento real da produção burguesa que constitui o valor" (Marx, 2017a, p. 57). O debate "sério", portanto, sobre a teoria

---

[29] Cf. carta de Marx a P. V. Annenkov, que se encontra como Anexo em *Filosofia da Miséria* (2017a, p. 187-196).

do valor não é com Proudhon, mas, sim, com Ricardo, que é quem realiza "a interpretação científica da vida atual" (Marx, 2017a, p. 58).

Marx está de acordo com a teoria ricardiana e adere a ela. Esta consiste em que o valor da mercadoria é determinado pelo valor associado ao tempo de trabalho necessário para produzi-la:

> Uma vez admitida a utilidade, o trabalho é a fonte de valor. A medida do trabalho é o tempo. O valor relativo dos produtos é determinado pelo tempo de trabalho que é preciso empregar para produzi-los. O preço é a expressão monetária do valor relativo de um produto. (Marx, 2017a, p. 38)

Entretanto, discorda de Ricardo quanto à defesa que este faz do valor da mercadoria como incorporador do valor do trabalho (salário). Para Marx, o valor-trabalho, ou seja, o salário, não pode ser incorporado ao valor da mercadoria, porque ele próprio, o trabalho, é uma mercadoria. Logo, o trabalho não pode ser medida de valor. Insiste, portanto, que o valor do trabalho, a que, posteriormente, chamará de força de trabalho, não pode ser confundido com a quantidade de trabalho contida nas mercadorias. São coisas distintas:

> Se essas duas maneiras de medir o valor se misturassem numa só, poderíamos dizer indiferentemente: o valor relativo de uma mercadoria qualquer é medido pela quantidade de trabalho nela fixada; ou ainda: o valor é medido pela quantidade de trabalho que é capaz de comprá-la. Mas as coisas não são bem assim. O valor do trabalho, como o valor de qualquer outra mercadoria, não pode mais servir para medir o valor. (Marx, 2017a, p. 62)

Ao afirmar que o trabalho é uma mercadoria barata cujo valor é definido a partir do mínimo necessário para sua subsistência, antecipa que a mercadoria incorpora mais trabalho, o excedente, que não é revertido para o trabalhador. Segundo ele,

> o trabalho, sendo ele mesmo mercadoria, mede-se como tal pelo tempo de trabalho que é necessário para produzir o trabalho-mercadoria. E o que é necessário para produzir o trabalho-mercadoria? Exatamente o tempo de trabalho necessário para produzir os objetos indispensáveis à manutenção contínua do trabalho, isto é, para permitir a sobrevivência

> do trabalhador e as condições de propagação de sua espécie. O preço natural do trabalho é o mínimo do salário. (Marx, 2017a, p. 59)

Essa ideia do valor-trabalho, definido por um salário rebaixado, suficiente apenas para garantir a subsistência e a reprodução, reforça a diferenciação que Marx faz entre o valor do trabalho salário e o valor do trabalho fixado na mercadoria, este último, exatamente, o excedente não contabilizado no valor-trabalho. Temos aqui o embrião da teoria valor-trabalho que Marx abordará posteriormente n'*O capital*, nas categorias *trabalho abstrato* e *mais-valor*, a essência do valor mercadoria incorporada e não restituída ao valor-trabalho (salário).

A ênfase de Marx em relação a Smith e, sobretudo, a Ricardo, está no fato de que, para além de considerar o trabalho como uma mercadoria, algo com que os autores citados concordam, ele incorpora à teoria do valor a exploração do trabalho como algo constitutivo do modo produtivo que permite a extração do mais-valor. Marx insiste nisso e revela que, quanto mais se diminui o tempo de trabalho, mais se aumenta o excedente. E aqui antecipa o tema do mais-valor relativo ao destacar que

> toda invenção nova que permite produzir em uma hora o que antes se produzia em duas deprecia todos os produtos similares que se encontram no mercado. A concorrência força o produtor a vender o produto de duas horas tão barato como o de uma hora. A concorrência realiza a lei segundo a qual o valor relativo de um produto é determinado pelo tempo de trabalho necessário para produzi-lo. O tempo de trabalho que serve de medida do valor venal transforma-se, assim, em lei de depreciação contínua do trabalho. Diremos mais. Haverá depreciação não só para as mercadorias levadas ao mercado, mas também para os instrumentos de produção e para toda a fábrica. (Marx, 2017a, p. 69)

Se na *Miséria da filosofia* não temos ainda o ajuste teórico refinado da teoria valor-trabalho que se verá na obra *O capital*, temos aqui, entretanto, uma elaboração inovadora que o diferencia e o afasta da noção de trabalho da escola clássica da economia do trabalho, particularmente, de Smith e Ricardo. O que se quer dizer é que Marx intui o que ninguém, anteriormente, havia percebido: o fato de que o trabalho produz valor para além do seu valor como mercadoria.

Outro aspecto que merece destaque no texto *Miséria da filosofia* de Marx, retomando reflexões já apresentadas nos *Manuscritos...* e n'*A ideologia alemã*, é o amadurecimento na elaboração do seu método de análise social: o método materialista, como foi denominado pela tradição marxiana. Lembremo-nos de que a obra foi escrita para contestar a frágil teorização de Proudhon acerca do lugar do trabalho e sua função emancipadora na sociedade. Essa desconstrução, para além da Economia Política, manifesta-se, também, nas duras críticas a Proudhon e na sua aplicação da dialética hegeliana. Segundo Marx, Proudhon desconhecia a obra de Hegel e foi por meio dele e de poucos outros que veio a conhecer o filósofo alemão.[30] O socialista francês, segundo Marx, fez uma leitura enviesada da dialética hegeliana e transformou a ideia da contradição (tese – antítese – síntese), que em Hegel significa o movimento em aberto, em um maniqueísmo simplista no qual a síntese se traduziria num possível equilíbrio. Nessa perspectiva, Proudhon, ao interpretar as categorias econômicas, via nelas dois lados em contradição, um bom e outro mau. O problema para Proudhon, portanto, consistia em preservar o lado bom e eliminar o mau. Marx refuta essa visão ingênua, tomando como exemplo o feudalismo, que, em sua divisão social, opunha os senhores aos servos, e dizendo que aquilo que para Proudhon é visto como deformação do feudalismo, a servidão, constituiu-se no seu polo de potência revolucionária. Logo, o antagonismo interpretado como algo negativo por Proudhon é saudado por Marx como algo positivo.

Notamos, aqui, que Marx vê o antagonismo como algo constitutivo das relações de produção. Diz ele,

---

[30] Em carta a J. B. Schweitzer, que se encontra nos anexos da *Miséria da filosofia* (2017a, p. 197-203), Marx relata que travou longas discussões com Proudhon nas quais introduziu o pensamento de Hegel, que era desconhecido pelo autor francês.

> Proudhon, economista, compreendeu muito bem que os homens fazem os tecidos de lã, algodão e seda em relações determinadas de produção. Mas o que não compreendeu é que estas relações sociais determinadas são produzidas tanto pelos homens quanto pelo tecido, pelo linho etc. As relações sociais estão intimamente ligadas às forças produtivas. Adquirindo novas forças produtivas, os homens mudam seu modo de produção e, ao mudar o modo de produção, a maneira de ganhar a vida, eles mudam todas as suas relações sociais. O moinho movido pelo braço humano nos dá a sociedade com o suserano; o moinho a vapor nos dá a sociedade com o capitalista industrial. (Marx, 2017a, p. 101-102)

Ora, temos aqui um Marx atento às contradições sociais, resultantes da forma como se organiza a sociedade, particularmente os modos de produção. É dessa leitura atenta ao que existe de mais evidente, a materialidade da vida em seus diferentes contextos históricos, que se depreendem os antagonismos que carregam o gérmen de mudanças. É a materialidade que engendra o desenvolvimento das forças produtivas, econômicas e sociais:

> A escravidão direta é o eixo da indústria burguesa, assim como as máquinas, o crédito etc. Sem escravidão, não teríamos o algodão; sem o algodão, não teríamos a indústria moderna. A escravidão deu valor às colônias, as colônias criaram o comércio universal, o comércio universal é a condição da grande indústria. Assim, a escravidão é uma categoria econômica da mais alta importância. (Marx, 2017a, p. 103)

Em Marx não há naturalização das coisas. Por isso é um contundente crítico da religião e da Economia Política clássica; vê Adam Smith e Ricardo como representantes da burguesia que, por meio dos seus estudos, mascaram a exploração de classe:

> Os economistas como Adam Smith e Ricardo, que são historiadores dessa época, não têm outra missão a não ser demonstrar como a riqueza se adquire nas relações de produção burguesa, formular essas relações em categorias, em leis, e demonstrar como essas leis, essas categorias, são, para a produção de riquezas, superiores às leis e categorias da sociedade feudal. (Marx, 2017a, p. 112)

No contraponto aos "economistas da burguesia" e suas teorias de naturalização do capitalismo, vê-se em *Miséria da filosofia* a fundamentação da teoria do valor-trabalho, que está no cerne da exploração dos trabalhadores. É essa exploração que se transforma na centelha da luta de classes. O proletariado se constitui como classe opositora à burguesia e põe em questão a exploração. Afirma Marx (2017a, p. 111):

> No curso do seu desenvolvimento histórico, a burguesia desenvolve necessariamente seu caráter antagônico, que no início aparece mais ou menos disfarçado, existe apenas em estado latente. À medida que a burguesia se desenvolve, desenvolve-se em seu interior um novo proletariado, um proletariado moderno: desenvolve-se uma luta entre a classe proletária e a classe burguesa, uma luta que, antes de ser sentida por ambos os lados, percebida, avaliada, compreendida, confessada e proclamada, manifesta-se previamente por conflitos parciais e momentâneos, por episódios subversivos.

Os trabalhadores colocam em marcha o projeto político do *comum*, de uma outra sociedade, conteúdos explicitados no *Manifesto comunista* (1848), publicado um ano após o libelo contra Proudhon.

## O trabalho no *Manifesto comunista*

O trabalho, como categoria analítica fundante que desoculta a alienação, produz mais-valor e revela a essência das contradições econômicas e sociais. Visto nas obras anteriores – *Manuscritos econômico-filosóficos, A ideologia alemã* e *Miséria da filosofia* –, ressurge no *Manifesto comunista* com outra tonalidade. Marx e Engels afirmam que o trabalho, fonte da exploração e opressão, também pode ser da emancipação. Essa é a grande novidade do *Manifesto* (1848).

Logo, o trabalho, no *Manifesto Comunista,* é assumido como uma categoria política, distinta da categoria filosófica dos *Manuscritos econômico-filosóficos* e da categoria econômica da *Miséria da filosofia*. A obra – alguns a definem como um panfleto – foi escrita sob encomenda do movimento operário, particularmente da Liga dos Justos,[31] com o objetivo de estabelecer um programa político

[31] Organização "composta por trabalhadores, principalmente artesãos alemães exilados, alocados em Londres, Bruxelas e Paris, e em algumas partes da

como instrumento de agitação frente a burguesia industrial. Quando falamos no trabalho como categoria política, portanto, enfatizamos o fato de que, no *Manifesto comunista,* o trabalho – particularmente, o trabalho assalariado – permite a constituição da classe social, e essa classe pode colocar em marcha um processo revolucionário de constituição da sociedade *comum* – o comunismo. O trabalho, portanto, é gerador de um sujeito social.

No *Manifesto* não se vê o refinamento que se observa em outros escritos de Marx e Engels. O texto é cru, direto, objetivo, intenso e com uma linguagem forte, denotando o esforço de denúncia de uma ordem social injusta e opressora. Foi escrito num momento histórico de grande efervescência de lutas operárias, no processo das lutas denominadas de Revoluções de 1848.[32] O *Manifesto* foi redigido com sofreguidão: por várias vezes, Marx e Engels estouraram os exíguos prazos estabelecidos. Havia pressa no texto. Um texto que sintetizasse as razões da exploração dos trabalhadores e apontasse para um programa de lutas, tudo isso numa linguagem acessível e intensa. O *Manifesto Comunista* é, indubitavelmente, a obra de leitura mais acessível do conjunto de escritos de Marx e Engels, geralmente prolixos em seus textos, e, ao mesmo tempo, dos mais conhecidos e difundidos. O *Manifesto* revela também estreita ligação de Marx e Engels com a organização dos trabalhadores à época.

---

Alemanha. Não se tratava de proletários modernos trabalhando em grandes fábricas mecanizadas. No entanto, eles foram atraídos pelas concepções de Marx e Engels acerca da natureza da sociedade capitalista moderna. A Liga dos Justos trazia em sua bandeira o *slogan* 'Todos os homens são irmãos'. Quando abraçou as concepções de Marx e tornou-se a Liga dos Comunistas, adotou o chamado do Manifesto: 'Proletários de todos os países, uni-vos!'". Cf. Coggiola, 2010. p. 10.

[32] Período de intensa agitação política que eclodiu na França e esparramou-se por quase toda a Europa. Duas forças políticas se destacam: a burguesia, que exigia maior representação política frente a regimes aristocráticos, e os movimentos de trabalhadores, que viam a possibilidade de desencadearem revoluções de caráter socialista.

Retomando o sentido da categoria trabalho presente no texto, observamos que ela expressa o meio em que se desenvolvem historicamente os mecanismos de opressão, mas também das lutas sociais. Marx e Engels têm como ponto de partida a história da civilização humana, na qual o trabalho é o operador dístico da divisão social:

> A história de todas as sociedades até hoje existentes é a história das lutas de classes. Homem livre e escravo, patrício e plebeu, senhor feudal e servo, mestre de corporação e companheiro, em resumo, opressores e oprimidos, em constante oposição, têm vivido numa guerra ininterrupta, ora franca, ora disfarçada; uma guerra que terminou sempre por uma transformação revolucionária da sociedade inteira, ou pela destruição das duas classes em conflito. (Marx e Engels, 2010, p. 40)

Entretanto, dizem eles, "a nossa época, a época da burguesia, caracteriza-se por ter simplificado os antagonismos de classe. A sociedade divide-se cada vez mais em dois campos opostos, em duas grandes classes em confronto direto: a burguesia e o proletariado" (Marx e Engels, 2010, p. 40).

A constituição do proletariado é resultante, portanto, de uma mudança no patamar das relações produtivas. Segundo os signatários do *Manifesto*, a burguesia desempenha "um papel iminentemente revolucionário" na história:

> A burguesia não pode existir sem revolucionar incessantemente os instrumentos de produção, por conseguinte, as relações de produção, e com isso, todas as relações sociais. [...] Dissolvem-se todas as relações sociais antigas e cristalizadas, com seu cortejo de concepções e de ideias secularmente veneradas [...] Tudo o que era sólido e estável se desmancha no ar [...] Os homens são obrigados finalmente a encarar sem ilusões a sua posição social e as suas relações com outros homens. (Marx e Engels, 2010, p. 43)

A verdadeira revolução que a burguesia emergente do séc. XVIII promove é a da "liberdade" do trabalho. Uma nova modalidade do trabalho vai se impondo em oposição ao *Ancien Régime*. A partir de então os trabalhadores são livres para se apresentarem ao capitalista e venderem sua força de trabalho. Deixar frente a frente, sem mediação, os interesses diferentes – do capital e do trabalho – constitui a principal transformação que acontece com o advento da burguesia industrial:

> Onde quer que tenha conquistado o poder, a burguesia destruiu as relações feudais, patriarcais e idílicas. Rasgou todos os complexos e variados laços que prendiam o homem feudal a seus 'superiores naturais', para deixar subsistir apenas, de homem para homem, o laço do frio interesse, as duras exigências do 'pagamento a vista'. (Marx e Engels, 2010, p. 42)

A burguesia, "em lugar da exploração dissimulada por ilusões religiosas e políticas, colocou uma exploração aberta, direta, despudorada e brutal" (Marx e Engels, 2010, p. 42). O que vemos agora é o surgimento do trabalho assalariado, que rompe com o sistema das corporações de ofício:

> Com o desenvolvimento da burguesia, isto é, do capital, desenvolve-se também o proletariado, a classe dos operários modernos, os quais só vivem enquanto têm trabalho e só têm trabalho enquanto seu trabalho aumenta o capital. Esses operários, constrangidos a vender-se a retalho, são mercadoria, artigo de comércio como qualquer outro. (Marx e Engels, 2010, p. 46)

O assalariamento é a exploração vil do trabalhador, um pagamento mísero que o empurra para o pauperismo:

> O preço médio que se paga pelo trabalho assalariado é o mínimo de salário, ou seja, a soma dos meios de subsistência necessários para que o operário viva como operário. Por conseguinte, o que o operário recebe com o seu trabalho é o estritamente necessário para a mera conservação e reprodução de sua existência. (Marx e Engels, 2010, p. 53)

Ainda mais: o trabalhador não é apenas explorado, é também despojado de sua autonomia, do seu enriquecimento subjetivo no trabalho, de sua destreza e habilidade no trabalho. A fábrica aniquila, coisifica o trabalhador:

> O crescente emprego de máquina e a divisão do trabalho despojaram a atividade do operário de seu caráter autônomo, tirando-lhe todo atrativo. O operário torna-se um mero apêndice da máquina e dele só se requer o manejo mais simples, mais monótono, mais fácil de aprender. (Marx e Engels, 2010, p. 46)

Os arranjos heterônomos na fábrica tornam os operários autômatos, sem vida, subjugados a uma lógica que, para eles, não tem proveito nem satisfação. Assiste-se a um rebaixamento da condição humana:

> Massas de operários, amontoadas nas fábricas, são organizadas militarmente. Como soldados rasos da indústria, estão sob a vigilância de uma hierarquia completa de oficiais e suboficiais. Não são apenas servos da classe burguesa, do Estado burguês, mas também, dia a dia, hora a hora, escravos da máquina, do contramestre e, sobretudo, do dono da fábrica. E esse despotismo é tanto mais mesquinho, mais odioso e exasperador quanto maior é a franqueza com que proclama ter no lucro seu objetivo exclusivo. (Marx e Engels, 2010, p. 46)

É a situação da exploração, do pauperismo, do aviltamento da condição humana que cria as condições para a emancipação, afirmam Marx e Engels. Segundo eles, a materialidade do lugar da opressão é também o lugar da tomada de consciência de classe e da insurgência. As mesmas forças produtivas que geram a opressão podem gerar a emancipação. O mesmo trabalho, fonte de assujeitamento, pode se transformar em libertação:

> Com o desenvolvimento da indústria, o proletariado não apenas se multiplica; comprime-se em massas cada vez maiores, sua força cresce e ele adquire consciência dela. Os interesses e as condições de existência dos proletários se igualam cada vez mais à medida que a máquina extingue toda diferença de trabalho e quase por toda parte reduz o salário a um nível igualmente baixo. (Marx e Engels, 2010, p. 47)

Dessa forma, a classe operária coloca em marcha sua luta pela dignidade: "Os operários começam a formar coalizões contra os burgueses e atuam em comum na defesa de seus salários; chegam a fundar associações permanentes a fim de se precaver de insurreições eventuais. Aqui e ali a luta irrompe em motim" (Marx e Engels, 2010, p. 48). Marx e Engels (2010, p. 49) acreditam que os proletários são "a classe que traz nas mãos o futuro", que o modo produtivo capitalista é insustentável, porque "as condições de existência da velha sociedade já estão destruídas nas condições de existência do proletariado". Segundo eles, os trabalhadores nada têm mais a perder:

> Os proletários nada têm de seu a salvaguardar; sua missão é destruir todas as garantias e seguranças da propriedade privada até aqui existentes. [...] Todas as sociedades anteriores, como vimos, se basearam no antagonismo entre classes opressoras e classes oprimidas. [...] A burguesia produz, sobretudo, seus próprios coveiros. Seu declínio e a vitória do proletariado são igualmente inevitáveis. (Marx e Engels, 2010, p. 50-51)

O *Manifesto comunista* é uma peça literária cara ao marxismo e é evocado, sobretudo, pela militância de organizações políticas de esquerda, em função de que expõe o conduto que leva à luta de classes e explicita de forma didática como ela se desenvolve. O roteiro desenvolvido no *Manifesto* indica que aqueles que estão subordinados às forças do capital pelo trabalho adquirem consciência de que a exploração a que estão submetidos é o fator de sua miséria, em contrapartida àqueles que se encontram em uma situação radicalmente oposta à sua, a burguesia. Essa consciência é adquirida em função da materialidade, das condições aviltantes da exploração. Logo, a primeira premissa para a luta de classes está na identidade. Quando o sujeito do trabalho se percebe igual aos seus pares, igual na sujeição, pode evoluir para uma consciência de classe – a segunda premissa. A consciência de classe é o reconhecimento por parte do trabalhador de que a sua sorte é a mesma do outro que está ao seu lado, ou seja, ambos são explorados pelo capital. O valor daquilo que produzem não retorna em ganhos aos seus bolsos, e o mais-valor é apropriado pelo capitalista. A consciência de que isso não acontece apenas com eles, mas com todos os outros que vivem em situação semelhante, é o que o faz assumir a condição operária e a condição de classe social. Essa classe, entretanto, apenas existe enquanto se manifesta em ações coletivas. É o agir, o revoltar-se e colocar-se em marcha contra a exploração que materializam a classe e a retiram do seu lugar ontológico. A luta de classe, a terceira e última premissa, indica que os arranjos institucionais (do Estado) e da produção (mercado) podem ser alterados e permitir a edificação da sociedade comunista. Esse é o recado principal do *Manifesto comunista.*

## O TRABALHO NOS *GRUNDRISSE*

No conjunto dos escritos de Marx, os *Grundrisse* possuem uma curiosa semelhança com *A ideologia alemã*. Ambos são escritos sobretudo para ajuste de suas reflexões acerca de conteúdos importantes. Se *A ideologia alemã* é de certa forma o seu acerto de contas com o sistema hegeliano,[33] os *Grundrisse* são o acerto de contas com a crítica da Economia Política. Marx rascunhou os *Grundrisse* para si mesmo, nunca pensou em publicá-lo.[34] É um conjunto de anotações, de rascunhos acerca de suas pesquisas, sobretudo da Economia Política, que serão mais tarde utilizados na produção d'*O capital.* Trata-se, portanto, de registros para autoesclarecimento de dúvidas que ele compilou, desenvolveu, rabiscou, corrigiu, reelaborou, reescreveu.

Essas anotações, que nunca foram objeto de muita importância para os estudiosos do marxismo, ganharam relevância por intermédio do autor polonês Roman Rosdolsky.[35] Foi ele, com sua monumental obra *Zur Entstehungsgeschichte des Marxschen 'Kapital'. Der Rohentwurfdes 'Kapital' 1857-58* (1968), traduzida para o português como *Gênese e estrutura de O capital de Karl Marx* (2011), que chamou a atenção para a importância desses escritos. Poder-se-ia afirmar que *O capital* lapidou a matéria bruta dos *Grundrisse.* A contribuição de Rosdolsky é particularmente importante, porque, a partir desse manuscrito, ele

[33] Em sua *Contribuição à crítica da Economia Política* (1859), Marx (2008, p. 49) afirma: "Quando na primavera de 1845 [Engels] veio domiciliar-se em Bruxelas, resolvemos trabalhar em comum para salientar o contraste de nossa maneira de ver com a ideologia da filosofia alemã, visando, de fato, acertar as contas com a nossa antiga consciência filosófica".

[34] Segundo seu genro, Paul Lafargue, Marx jamais publicou "nada que não tivesse reelaborado várias vezes, até encontrar a forma adequada" e "preferiria queimar seus manuscritos a publicá-los incompletos". Cf. Lafargue *apud* Musto, 2018, p. 23.

[35] Escritor, pesquisador e ativista político polonês (1898-1967).

desvenda, de forma detalhada, como se deu o processo de construção da obra maior de Marx. Afirma Rosdolsky (2011, p. 27):

> Como se sabe, Marx elaborou dois planos – em 1857 e 1866 (ou 1865) – que deveriam servir de base para sua principal obra econômica. Entre ambos há um período de nove anos de experimentação e de permanente busca da forma expositiva adequada. Verificam-se uma progressiva contração do plano inicial e, ao mesmo tempo, uma ampliação da parte remanescente.

Essa investigação sobre como se deu a construção da obra *O capital* não se trata de mera curiosidade, mas se revela importante, porque auxilia na reconstrução e nas depurações que Marx fez ao longo de suas anotações acerca de determinados temas e na reconstituição daquilo que considerava essencial. Tudo o que se encontra n'*O capital*, de certa forma, já está presente nos *Grundrisse*. O que Rosdolsky observa é que nos *Grundrisse* há uma enormidade de variantes de análise sobre diferentes temas que enriquecem as "conclusões" presentes n'*O capital*. Ainda mais, há conteúdos nos *Grundrisse* que não foram posteriormente abordados ou retrabalhados por Marx, ou conteúdos abandonados e inconclusos que revelam as tramas do pensamento do autor alemão. Rosdolsky (2011, p. 21) afirma que "o manuscrito [*Grundrisse*] [...] resultou de 15 anos de estudos, durante os quais o autor observou os problemas da Economia Política, a partir de pontos de vista sempre renovados, para então lançar as bases de sua própria construção teórica nessa área". Logo, as anotações de Marx para consumo próprio se tornaram uma fonte valiosíssima de consulta, pesquisa e, acima de tudo, compreensão de muitas de suas categorias analíticas. Há um consenso, hoje, em torno dos estudiosos do marxismo, que os *Grundrisse* permanecem como uma mina a ser continuamente explorada para melhor compreensão do que pensava Marx, inclusive em temas controversos.

Outro aspecto singular da importância dos *Grundrisse*, destacado por Rosdolsky, é a reaproximação com o método de argumentação de

Hegel, em sua abordagem dos temas da Economia Política. Segundo Rosdolsky (2011, p. 15),

> quanto mais penetrava no tema, mais claramente o autor compreendia que só conseguiria resvalar no problema mais importante e teoricamente mais interessante que os *Grundrisse* oferecem – o da relação entre as obras de Marx e Hegel, especialmente no que diz respeito à *Lógica* desse último.

Rosdolsky (2011, p. 15) afirma que os *Grundrisse* alertam para o fato de que "não há tema tratado com mais descuido pelos seus comentadores da teoria econômica de Marx do que o de seu método e, particularmente, de sua relação com Hegel".

> Em *O capital*, a influência de Hegel só se manifesta, à primeira vista, em algumas notas de pé de página. Já nos *Grundrisse* são uma grande remissão a Hegel, especialmente à sua *Ciência da lógica*, e mostram a radical inversão materialista de Hegel. Depois da publicação dos *Grundrisse*, não será mais possível que os críticos acadêmicos de Marx escrevam sobre sua obra econômica sem que antes tenham estudado seu método e sua relação com Hegel. (Rosdolsky, 2011, p. 17)

Essa "participação" de Hegel nos *Grundrisse* e, posteriormente, n'*O capital*, aparece claramente no método de construção dos argumentos que vai do abstrato ao concreto. Marx utiliza largamente esse recurso ao desconstruir o capital como mera objetivação, algo que é dado, por si próprio, tão presente nas análises dos economistas clássicos. Destaca Rosdolsky (2011, p. 40):

> Isso fica bem claro na variante que aparece nas p. 138-139 dos *Grundrisse*. Nela a investigação parte das categorias gerais (valor de troca, dinheiro, preço) para chegar, através da análise da 'estrutura interna da produção' – das categorias do capital, da propriedade da terra e do trabalho assalariado – à síntese da sociedade burguesa na forma do Estado.

Outro aspecto destacado por Rosdolsky é que, nos *Grundrisse*, já se vê um Marx atento a dois princípios: o da *totalidade* e da *historicidade* permeando o crivo de sua análise. Todo o rigor de sua crítica à Economia Política tem como pressuposto esse binômio que se articula e foge de uma análise positivista, cara aos clássicos da Economia Política. Retornaremos a isso ao abordarmos o método em Marx.

Sob a perspectiva do trabalho, os *Grundrisse* são elucidativos do amadurecimento de Marx acerca dessa categoria. O trabalho, aqui, é interpretado a partir da Economia Política, ou seja, como um sistema constitutivo do modo de produção capitalista e raiz central da exploração do trabalho humano, algo ocultado pela economia clássica. A teoria do capital, a teoria da mercadoria, a teoria do mais-valor e os conceitos de alienação e fetichismo abordados nos *Grundrisse* e retomados n'*O Capital* têm um denominador comum: o trabalho. Logo, o razoável e correto é abordar-se a categoria trabalho, presente nos *Grundrisse*, combinada a *O capital*. É pelo que optamos. Entretanto, julgamos dar relevo ao subitem "Capital fixo e desenvolvimento das forças produtivas da sociedade", da Segunda Seção do Capítulo III dos *Grundrisse* (Marx, 2011, p. 578-596). Nesse tópico, Marx aborda a heteronomia do trabalho, como o trabalho é absorvido e incorporado ao capital fixo e completamente anulado. O que nos interessa é perscrutar a eliminação da subjetividade, do trabalho vivo, do trabalhador no processo produtivo. Esse tema é retomado por Marx n'*O capital*, porém não com a perspectiva que aqui é abordada. Por isso julgamos importante resgatar essa singular percepção do autor.

Percebe-se, nos *Grundrisse*, na análise da subordinação do trabalho, a retomada de elementos de natureza filosófica dos *Manuscritos econômico-filosóficos* combinados com elementos da Economia Política. Essa junção do conceito alienação/estranhamento, presente nos *Manuscritos*, com os aspectos da Economia Política nos *Grundrisse* resulta no conceito do fetichismo da mercadoria n'*O capital*. Mas nosso enfoque, tomando como referência as observações anteriores, é o tema da subjetividade no trabalho. Esse tema é por várias vezes introduzido por Marx desde os *Manuscritos*, porém nunca totalmente desenvolvido pelo autor. Por isso vale a pena retomar os *Grundrisse* para recuperar essa importante categoria. Há, ainda, outro aspecto do trabalho citado *en passant* nos *Grundrisse* e não retomado n'*O capital*: a categoria do *cérebro social*, que tem sido discutida por muitos autores e é objeto de interessante debate.

Comecemos pelo tema da subjetividade no trabalho. Assinale-se que esse é um conceito raramente utilizado por Marx. Ele fala, sobretudo, em *trabalho vivo*. O trabalho vivo é o trabalho subjetivo. Em suas obras, o trabalho vivo aparece com dupla conotação. Primeiro, como ato de metabolismo, de transformação da natureza, que também é um ato criador, ontológico, a manifestação da presença no mundo. Segundo, como manifestação do trabalho presente na elaboração e produção de itens, o que comporta destreza e também criatividade. Nesse caso, o trabalho vivo faz uso dos meios de trabalho, ferramentas, por exemplo, que, manuseadas com habilidade, produzem valor de uso. Na primeira acepção,

> O trabalho é, antes de tudo, um processo entre o homem e a natureza, processo este em que o homem, por sua própria ação, medeia, regula e controla seu metabolismo com a natureza. Ele se confronta com a matéria natural como uma potência natural [*Naturmacht*]. A fim de se apropriar de matéria natural de uma forma útil para sua própria vida, ele põe em movimento forças naturais pertencentes à sua corporeidade: seus braços e pernas, cabeças e mãos. Agindo sobre a natureza e modificando-a por meio desse movimento, ele modifica, ao mesmo tempo, sua própria natureza. (Marx, 2017b, v. I, p. 255)

O trabalho, define Marx (2017b, v. I, p. 120), é "uma condição de existência do homem, independente de todas as formas sociais, eterna necessidade natural de mediação do metabolismo entre o homem e a natureza e, portanto, da vida humana". O trabalho vivo com a evolução das forças produtivas, entretanto, vai assumindo outro caráter, destaca Marx. Na forma que precede o capitalismo, o trabalho vivo se manifesta também como aquele em que os meios de trabalho sob controle dos trabalhadores lhes permitem autonomia de produção. As corporações de ofício elucidam essa situação. Nelas, o trabalho vivo se manifesta nas circunstâncias em que os trabalhadores controlam os seus meios de trabalho e definem autonomamente a forma de trabalhar.

A grande transformação que revoluciona o conteúdo do trabalho acontece quando da instauração do modo de produção capitalista. Nele, o trabalho vivo ainda presente no controle e na autonomia do uso dos meios de trabalho passa a ser incorporado ao capital. Esse processo é descrito por Marx, nos *Grundrisse*, de forma didática:

> Em nenhum sentido a máquina aparece como meio de trabalho do trabalhador individual. A sua *differentia specifica* não é de forma alguma, como no meio de trabalho, a de mediar a atividade do trabalhador sobre o objeto: ao contrário, esta atividade é posta de tal modo que tão somente medeia o trabalho da máquina, a sua ação sobre a matéria-prima supervisionando-a e mantendo-a livre de falhas. Não é como no instrumento, que o trabalhador anima como um órgão com a sua própria habilidade e atividade e cujo manejo, em consequência, dependia de sua virtuosidade. (Marx, 2011, p. 580-581)

Vemos aqui a eliminação definitiva do trabalho vivo, que é engolido pelo sistema máquina, um sistema que possui sua "própria alma":

> Ao contrário, a própria máquina, que para o trabalhador possui destreza e força, é virtuose que possui sua própria alma nas leis mecânicas que nela atuam e que para seu contínuo automovimento, consome carvão, óleo etc. (matérias instrumentais) da mesma maneira que o trabalhador consome alimentos. A atividade do trabalhador, limitada a uma mera abstração da atividade, é regulada em todos os aspectos pelo movimento da maquinaria, e não o inverso. (Marx, 2011, p. 581)

A maquinaria assume, portanto, um significado revolucionário nas forças produtivas e o núcleo central dessa transformação reside no fato de que, por meio da intervenção da técnica, tem-se a completa expropriação do saber do trabalhador no processo produtivo. Trata-se de um revolucionamento e não apenas de uma radicalização. O caráter transformador está em haver um rompimento com os princípios da organização do trabalho, no período que precede o surgimento do modo produtivo capitalista. Destaca Marx (2011, p. 581):

> Na produção baseada na maquinaria, a apropriação do trabalho vivo pelo trabalho objetivado – da força ou atividade valorizada pelo valor existente por si, inerente ao conceito do capital – é posta como caráter do próprio processo de produção, inclusive de acordo com os seus elementos materiais e o seu movimento material. O processo de produção deixou de ser processo de trabalho no sentido de processo dominado pelo trabalho como unidade que o governa.

Agora, o sistema de máquina, a máquina-ferramenta, rompe com a organicidade que o trabalhador tinha anteriormente. Doravante, o capital se apropriará materialmente do trabalho e subjetivamente do trabalhador. O processo produtivo passa a ser prescrito, não sendo necessário nenhum aporte do trabalhador. Ao mesmo tempo em que o trabalhador não dispõe dos meios de trabalho, não sendo possível utilizá-los da forma que lhe convenha, também o seu trabalho é privado de autonomia, uma vez que as tarefas já estão prescritas. Destaca Marx (2011, p. 581): "Na maquinaria, o trabalho objetivado se contrapõe materialmente ao trabalho vivo como o poder dominante e como subsunção ativa deste de si, não só por meio de apropriação do trabalho vivo, mas no próprio processo real de produção".

Com a introdução da máquina-ferramenta, o saber produtivo não se baseia na experiência do trabalhador, mas se situa cada vez mais fora dela. O processo produtivo passa a ser ancorado num conhecimento objetivado nas máquinas, diferentemente da manufatura, na qual sobre a ferramenta repousa um conhecimento objetivado no trabalhador. A maquinaria aniquila a subjetividade do operário: "Na maquinaria, o trabalho objetivado se contrapõe ao trabalho vivo no próprio processo de trabalho como o poder que o governa, poder que, de acordo com sua forma, o capital é como apropriação do trabalho vivo" (Marx, 2011, p. 581).

Rosdolsky chama a atenção ainda para a relevância do tema da maquinaria sobre outros aspectos e destaca que "há nos *Grundrisse* ideias sobre a maquinaria que estão ausentes n'*O capital*; ideias que, embora escritas há mais de um século, tiram o fôlego, ao serem lidas hoje, pois apresentam uma das visões mais audaciosas produzidas pelo espírito humano" (Rosdolsky, 2011, p. 354). Um desses temas, além dos já destacados, pontuado por Marx nos *Grundrisse*, ao qual não retorna n'*O capital*, é o "cérebro social", o "intelecto geral". Esses conceitos dizem respeito ao desenvolvimento da técnica, da ciência, como produto da engenhosidade humana coletiva que foi apropriada privadamente pelo capital. Diz Marx (2011, p. 582):

> A acumulação do saber e da habilidade, das forças produtivas gerais do cérebro social, é desse modo absorvida no capital em oposição ao trabalho, e aparece consequentemente como qualidade do capital, mais precisamente do *capital fixo*, na medida em que ele ingressa como meio de produção propriamente dito no processo de produção.

O autor chama a atenção para um aspecto relevante: a apropriação privada e gratuita, por parte do capital, do desenvolvimento da ciência, que é um produto coletivo.

> Ademais, na medida em que a maquinaria se desenvolve com a acumulação da ciência social, da força produtiva como um todo, o trabalho social, o trabalho social geral não é representado no trabalhador, mas no capital. A força produtiva da sociedade é medida pelo capital fixo, existe nele em forma objetiva e, inversamente, a força produtiva do capital se desenvolve com esse progresso geral de que o capital se apropria gratuitamente. (Marx, 2011, p. 582)

Uma pena que Marx não retome essa análise, embora registre: "este não é o momento para tratar em detalhe do desenvolvimento da maquinaria" (Marx, 2011, p. 582). Porém, mais à frente, retoma o tema da maquinaria como resultado do desenvolvimento da ciência, que por sua vez é oriunda do trabalho vivo. Essa ciência que se traduz em inovações tecnológicas se torna um "negócio", afirma Marx, ao ser apropriada pelo capital. Esse fato, entretanto, não anula o caráter de que o desenvolvimento da técnica, da ciência, das forças produtivas é resultante do *cérebro social*, do *intelecto geral*, do *saber social geral*. Para muitos, Marx vislumbra que o desenvolvimento dos meios técnicos e a sofisticação da maquinaria levariam, um dia, à possibilidade da autoafirmação e mesmo da emancipação do trabalhador, quando afirma:

> A natureza não constrói máquinas nem locomotivas, ferrovias, telégrafos elétricos, máquinas de fiar automáticas etc. Elas são produtos da indústria humana; material natural transformado em órgãos da vontade humana sobre a natureza ou de sua atividade na natureza. Elas são *órgãos do cérebro humano criados pela mão humana*; força do saber objetivada. O desenvolvimento do capital fixo indica até que ponto o saber social geral, conhecimento, deveio da *força produtiva imediata* e, em consequência, até que ponto as próprias condições do processo vital da sociedade ficaram sob o controle do intelecto geral e foram reorganizadas em conformidade com ele. Até que ponto as forças produtivas da sociedade são produzidas, não só na forma do saber, mas como órgãos imediatos da práxis social; do processo real da vida. (Marx, 2011, p. 589)

Essa passagem antevê a possibilidade do caráter emancipatório do trabalho. O progresso da técnica, objetivado nas máquinas, resultante do conhecimento em geral, permitirá, com a produção do excedente, a produtividade, reorganizar o tempo de trabalho. Diz Marx (2011, p. 589):

> O capital dá o seu aporte aumentando o tempo de trabalho excedente da massa por todos os meios da arte e da ciência, porque a sua riqueza consiste diretamente na apropriação de tempo de trabalho excedente; uma vez que sua finalidade é diretamente o valor, não valor de uso. Desse modo, e a despeito dele mesmo, ele é instrumento na criação dos meios para o tempo social disponível, na redução do tempo de trabalho de toda a sociedade a um mínimo decrescente e, com isso, na transformação do tempo de todos em tempo livre para seu próprio desenvolvimento.

A ideia aqui subjacente é a indicação da organização da produção ancorada no desenvolvimento da tecnologia, na perspectiva da fruição, do viver e não da subordinação. Rosdolsky, em seu comentário sobre essa passagem, nos *Grundrisse*, comenta que essa citação revela uma janela para a superação da sujeição em direção à libertação. Diz ele:

> Resulta daí que o desenvolvimento da maquinaria – embora esta, sob controle do capital, só conduza à sujeição do trabalhador – oferece a mais segura perspectiva de sua futura libertação: ela permite reduzir radicalmente o tempo de trabalho, condição para que a eliminação da sociedade de classes deixe de ser uma expressão vazia. (Rosdolsky, 2011, p. 207)

Essa é umas das intuições de Marx que, segundo Rosdolsky, são de "tirar o fôlego ao serem lidas hoje": a utopia de que um dia as máquinas poderão substituir o trabalho humano e liberar as pessoas para outras atividades. A ideia subjacente não é a do desaparecimento do trabalho, mas sim a de que a produtividade alavancada pelas máquinas poderia distribuir ganhos para todos e eliminar o mais-valor. Evidentemente que essa possibilidade em Marx está condicionada à superação do capitalismo e à entrada em outra sociedade, a sociedade do *comum*, do comunismo. Escreve sobre isso Rosdolsky (2011, p. 356):[36]

> Hoje, diante de uma nova revolução industrial em curso, não é necessário destacar a transcendência profética dessa concepção imensamente dinâmica e radicalmente otimista. O que o revolucionário alemão sonhava solitariamente em 1858, em seu exílio em Londres, ingressou hoje em dia – mas só hoje em dia – no âmbito do que é imediatamente possível. Graças ao desenvolvimento da técnica moderna, estão finalmente dadas – pela primeira vez – as condições para suprimir totalmente e definitivamente o 'roubo do tempo de trabalho alheio'; agora – pela primeira vez – podem ser impulsionadas tão poderosamente as forças produtivas da sociedade que, de fato, e em um futuro não muito longínquo, a medida da riqueza social não será mais o tempo de trabalho, mas sim o tempo disponível.

Esse debate tem sido retomado por alguns teóricos exatamente em função da revolução tecnológica em curso,[37] na qual o conhecimento – o trabalho imaterial – [38] carrega em si a potência da ideia do *intelecto geral*, de Marx. Isso porque o caráter revolucionário do trabalho imaterial

---

[36] Note-se que Rosdolsky escreveu isso nos anos 1960, época do amadurecimento do fordismo, bem distante, portanto, das outras duas revoluções produtivas que se processaram na sequência: a terceira revolução industrial, de caráter informacional, e, agora, a quarta revolução industrial, ancorada sobretudo na inteligência artificial.

[37] Destacamos, sobretudo, Paolo Virno e sua obra *Grammaire de la Multitude* (Quebéc: Conjectures & l'éclat, 2002); Antonio Negri, em parceria com Michael Hardt, nas obras *Império* e *Multidão* (Rio de Janeiro/São Paulo: Record, 2001 e 2005) e Maurizio Lazzarato, em parceria com Negri, e a obra *Trabalho Imaterial* (Rio de Janeiro: DP&A Editora, 2001).

[38] Referimo-nos às terceira e quarta revoluções industriais.

repousa no fato de que "as formas centrais de cooperação produtiva já não são criadas pelo capitalista como parte do projeto para organizar o trabalho, mas emergem das energias produtivas do próprio trabalho" (Hardt e Negri, 2005, p. 156). Esses autores, entre outros, defendem que se faz necessária uma releitura de Marx. Negri afirma que, hoje, precisamos de uma nova *Einleitung*,[39] porque a essência do capitalismo está radicalmente modificada. De acordo com os autores, o caráter da exploração mudou, porque é, sobretudo, o intelecto, o saber operário, que se tornou a fonte do excedente, do mais-valor apropriado pelo capital; ou seja, a expropriação não se dá mais pelo roubo do tempo de trabalho individual ou coletivo e sim pela captura do valor que é produzido pelos recursos imateriais, o conhecimento, a cooperação e a comunicação. Aqui se encaixa a intuição do intelecto geral de Marx para um projeto emancipatório, pois da mesma forma que o capital procura apropriar-se do excedente produzido pelo trabalho imaterial – o mais-valor de hoje – este pode ser a base da resistência dos sujeitos do trabalho. Da mesma forma que os recursos imateriais que cada trabalhador possui são ativados pelo capital para o *plus* produtivo, o mesmo processo também pode ser o reverso de um projeto coletivo de resistência e luta social.

## O TRABALHO N'*O CAPITAL*

*O capital* é considerado a obra madura de Marx. Editada em três volumes,[40] sintetiza a sua longa trajetória intelectual iniciada em sua

---

[39] Referência ao texto de introdução dos *Grundrisse* (1857) em que Marx expõe o seu método de trabalho, no qual descreve que a teoria social deve ser modelada segundo os contornos da realidade social abordada.

[40] O volume I é o único publicado pelo próprio Marx, ainda em vida, com o apoio de Engels. A publicação data de 1867. Os volumes II e III foram publicados posteriormente por Engels, respectivamente nos anos de 1885 e 1894. Ao mesmo tempo em que se reconhece o esforço descomunal de Engels nessa tarefa, sabe-se, hoje, que o parceiro de Marx editou-os, interferindo bastante no texto; preenchendo lacunas, acrescentando e complementando o texto original para tornar os escritos de Marx mais legíveis. Há ainda um volume IV editado por Kautsky, em 1905, intitulado *Teorias da mais-valia – A história crítica do pensamento econômico a partir*

juventude. O construto central da obra se dá em torno da crítica da Economia Política, ou seja, da desmistificação de uma Economia Política desconectada da materialidade das relações sociais e de produção. Nesta perspectiva, o livro é uma profunda, densa e ampla análise do funcionamento do sistema capitalista. É como se Marx colocasse o capitalismo sobre uma bancada de mármore e o eviscerasse.

Nesse processo de evisceração, o trabalho surge como categoria central. É ele, o trabalho, mais especificamente o trabalho assalariado, que permite abrir a caixa de pandora e desnudar as contradições constitutivas do capitalismo. O trabalho é o coração pulsante que faz funcionar a máquina do sistema capitalista. Utilizando a metáfora da construção de uma casa, o trabalho é o fundamento, a fundação, o pilar, a base a partir do qual todo o mais se levanta e vai se constituindo. Não é por acaso que o livro I d'*O capital* dedica-se, sobretudo, a descrever o modo de produção capitalista, que nada mais é do que a exposição do conteúdo e da forma de organização do trabalho, substância primeira da produção do valor que dá origem ao capital. Logo, utilizaremos aqui, sobretudo, o livro I, porque é nele que se apresenta a descrição do lugar privilegiado do trabalho na formação do capital. Apesar disso, faz-se necessário alertar que a análise de Marx é de completude, ou seja, o livro I é uma peça no quebra-cabeça mais amplo no qual se integram os livros II e III para a compreensão do funcionamento do capital.

O objetivo do livro I é enunciado pelo próprio Marx (2017b, v. I, p. 78), no prefácio de sua primeira edição, ao afirmar: "O que pretendo nessa obra é investigar o modo de produção capitalista e suas correspondentes relações de produção e circulação".[41] Ele assi-

---

*dos manuscritos de Marx*. Esse volume, entretanto, na tradição marxista, não é incorporado a *O capital*, uma vez que nunca foi pensado por Marx.

[41] Esse mesmo objeto de estudo já havia sido enunciado por Marx (2011, p. 41), nos *Grundrisse*, ao afirmar que "a moderna produção burguesa é de fato o nosso verdadeiro tema".

nala esse correspondente entre produção e circulação e expõe uma das ideias potentes que perpassa o conjunto da obra, a ideia de que o capital cria um mundo invertido no qual as relações sociais são subordinadas e substituídas pela relação entre as coisas, as mercadorias, a epígrafe de que no sistema capitalista "os mortos dominam os vivos". Logo, a compreensão do sofisticadíssimo caráter fetichista da mercadoria, excelência da manifestação do mundo invertido, carece da exposição da forma como ele se origina no modo de produção capitalista. É nesse contexto que categorias caras ao léxico *marxiano* precisam ser articuladas.

Abordaremos aqui três aspectos que, em nossa opinião, compõem as teses centrais do modo de produção capitalista presentes no livro I: o trabalho e a produção do mais-valor; o trabalho fabril heterônomo; e o fetichismo da mercadoria. Esses conteúdos, apresentados separadamente para uma melhor compreensão, na verdade se retroalimentam e compõem uma unidade que revela a essência do capitalismo e que é desvelado por Marx em suas contradições imanentes.

### *O trabalho e a produção de mais-valor*

N'*O capital*, Marx retoma um tema que lhe é substancial na crítica da Economia Política: a teoria do valor. É algo que procura decifrar obsessivamente ao longo de suas pesquisas e elaboração teórica. O tema é de suma importância, pois nele encontra-se a essência da exploração do capital sobre o trabalho. Percebe-se que, n'*O capital*, Marx chegou ao desfecho de sua longa pesquisa e apresenta uma elaboração que avança para além da teoria do valor smithiana e ricardiana ao mostrar que o ganho excedente do capital,[42] associado às mercadorias, está contido na força de trabalho.

[42] Engels (2019, p. 7) afirma que, durante dez anos – a partir do início dos anos 1850 – Marx se encerrou "para se dedicar ao profundo estudo do valioso tesouro da biblioteca do Museu Britânico na área de Economia Política".

Não é gratuito que, n'*O capital*, Marx comece a sua investigação pela mercadoria. Afirma Marx (2017b, v. I, p. 113):

> A riqueza das sociedades onde reina o modo de produção capitalista aparece [*erscheint*] como uma 'enorme coleção de mercadorias', e a mercadoria individual, por sua vez, aparece como sua forma elementar. Nossa investigação começa, por isso, com a análise da mercadoria.

Em Marx, a mercadoria sintetiza a essência do modo de produção capitalista e se refere, antes de tudo, aos objetos que, para além do seu valor de uso, possuem um valor de troca. Ao capital interessa o valor de troca da mercadoria, uma vez que o seu valor de uso é incomensurável – não pode ser quantificado. É na relação do valor de troca que as mercadorias assumem um valor quantitativo e podem ser trocadas pela quintessência da mercadoria: o dinheiro. O que determina o valor de uma mercadoria – substância comum a todas elas – é a quantidade de trabalho despendido para produzi-la, mais especificamente, a média do tempo utilizado, de acordo com o grau de desenvolvimento das forças produtivas. Nesse contexto se discute o trabalho abstrato, ou seja, o tempo de trabalho socialmente necessário para se produzir determinada mercadoria. Afirma Marx (2017b, v. I, p. 116):

> Um valor de uso ou um bem só possui valor porque nele está objetivado ou materializado trabalho humano abstrato. Mas como medir a grandeza de seu valor? Por meio da quantidade de 'substância formadora de valor', isto é, da quantidade de trabalho nele contida.

Logo, o valor da mercadoria apenas se obtém por meio da força de trabalho conjunta da sociedade, que se traduz como "tempo de trabalho socialmente necessário". Afirma o autor: "Tempo de trabalho socialmente necessário é aquele requerido para produzir um valor de uso qualquer sob as condições normais para uma dada sociedade e com o grau social médio de destreza e intensidade do trabalho" (Marx, 2017b, v. I, p. 117). Logo, "é unicamente a quantidade de trabalho socialmente necessário ou o tempo de trabalho socialmente necessário para a produção de um valor de uso que determina a grandeza de seu valor" (Marx, 2017b, v. I, p. 117).

O trabalho, observa Marx, é, antes de tudo, concreto. Sem o trabalho concreto, o trabalho abstrato não existe. Porém, é o trabalho abstrato que interessa ao capital, porque é ele que cria o valor da mercadoria. No caso específico, o mais-valor. É exatamente essa interpretação de Marx que constitui a sua teoria do valor-trabalho, algo a que Smith e Ricardo não chegaram.

Vejamos melhor essa teoria. Marx afirma que, na esfera da circulação, da troca de mercadorias, assistimos a duas dinâmicas. Uma em que mercadoria (M) se transforma em dinheiro (D), que se transforma novamente em mercadoria (M). A ideia é: vendo a mercadoria A, transformando-a em dinheiro e, com esse dinheiro, compro a mercadoria B.

Essa "troca", a que Marx chama de circulação simples, se faz, sobretudo, a partir do interesse em se adquirir mercadorias com valor de uso.

Porém, há outra forma de troca, de circulação de mercadoria. A forma em que, a partir do dinheiro, compro mercadoria para, com essa mercadoria, adquirir mais dinheiro. Essa troca apenas faz sentido se o volume de dinheiro da segunda operação for maior do que a da primeira: a ideia de que com dinheiro (D) adquiro mercadoria (M) para ganhar mais dinheiro (D), ou seja, D – M – D. É essa dinâmica que gera capital. Porém, observa Marx, não é do âmbito da circulação que vem o *plus* do valor. A circulação não gera valor, porque não há possibilidade de se transformar uma mercadoria com determinado valor num valor superior em relações de troca. Diz o autor: "Da troca de equivalentes não resulta mais-valor, e tampouco da troca de não equivalentes resulta mais-valor. A circulação ou a troca de mercadorias não cria valor nenhum" (Marx, 2017b, v. I, p. 238). Logo, a questão é: se valor se troca por valor, igualmente, de onde surge o valor adicional? Como o capitalista faz para retirar mais-valor de determinada mercadoria? A resposta encontra-se no processo de produção, destaca Marx. Com o dinheiro, compram-se meios de produção e força de trabalho,[43] ambas as mercadorias, e com essas mercadorias produz-se mais mercadoria, que resulta em mais dinheiro: D – M (meios de produção e força de trabalho) – M' – D'.

Assim, o capitalista

> quer produzir uma mercadoria cujo valor seja maior do que a soma do valor das mercadorias requeridas para a sua produção, os meios de produção e a força de trabalho, para cuja compra ele adiantou seu dinheiro no mercado. Ele quer produzir não só um valor de uso, mas uma mercadoria; não só valor de uso, mas valor, e não só valor, mas também mais-valor. (Marx, 2017b, v. I, p. 263)

O "segredo", portanto, do mais-valor reside na força de trabalho, uma mercadoria barata, que o capitalista compra no mercado de trabalho: "O valor da força de trabalho e sua valorização no processo de trabalho são, portanto, duas grandezas distintas. E é essa diferença de valor que o capitalista tem em vista quando compra a força de trabalho" (Marx, 2017b, v. I, p. 270). É a mercadoria força de trabalho, comprada por seu valor de uso, que agrega valor na produção e transfere esse valor para a mercadoria. Para Marx, portanto, a valorização do valor, o mais-valor, que se encontra na mercadoria é resultante do valor da força de trabalho empregada no processo de produção, que não é restituída ao trabalhador. Diz Marx (2017b, v. I, p. 270) que essa é, a título de exemplo:

> A circunstância na qual a manutenção diária da força de trabalho custa apenas meia jornada de trabalho, embora a força de trabalho possa atuar por uma jornada inteira, e, consequentemente, o valor que ela cria durante uma jornada seja o dobro de seu próprio valor diário – tal circunstância é, certamente, uma grande vantagem para o comprador, mas de modo algum alguma injustiça para com o vendedor.

Supondo uma jornada de trabalho de 12 horas de determinado trabalhador, 6 horas de seu trabalho são suficientes para a reposição do

---

[43] A primeira Marx denomina capital constante, e a segunda, capital variável. Cf. Marx, Karl. *O capital*. v. I. São Paulo: Boitempo, 2017b. p. 277-288. (Cap. 6 – "Capital constante e capital variável").

valor de sua força de trabalho, sua subsistência.[44] Logo, o excedente, 6 horas de trabalho, é mais-valor, ou seja, o valor que o trabalhador cria além do valor de sua força de trabalho. Diz Marx (2017b, v. I, p. 602): "o segredo da autovalorização do capital se resolve no fato de que este pode dispor de uma determinada quantidade de trabalho alheio não pago". Essa força de trabalho despendida para gerar mais-valor e não restituída em pagamento ao trabalhador, assinalada por Marx em algumas passagens d'*O capital*, e interpretada por muitos como um "roubo", reveste-se de legalidade na medida em que o capitalista compra a força de trabalho do trabalhador e com ele assina um contrato. Esse contrato dá legalidade à exploração do trabalho, à geração de mais-valor, como destaca Marx (2017b, v. I, p. 262): "a partir do momento em que ele [trabalhador] entra na oficina capitalista, o valor de uso de sua força de trabalho, portanto, seu uso, o trabalho, pertence ao capitalista".

Marx afirma, ainda, que o mais-valor pode ser ampliado e, por isso, faz uma distinção entre mais-valor absoluto e mais-valor relativo. O primeiro é produzido pelo prolongamento físico da jornada de trabalho ou pela intensificação do ritmo de trabalho, o mais-trabalho, e o segundo se faz através do desenvolvimento da maquinaria e de sua introdução no processo produtivo. No caso do mais-valor gerado pela ampliação e ou intensificação da jornada de trabalho, destaca Marx, o capitalista não tem escrúpulo em tirar o máximo que pode da força de trabalho adquirida por ele:

> O capital é trabalho morto que, como um vampiro, vive apenas da sucção de trabalho vivo, e vive tanto mais quanto mais trabalho vivo ele suga. O tempo durante o qual o trabalhador trabalha é o tempo durante o qual o capitalista consome a força de trabalho que comprou do trabalhador. Se este consome o seu tempo disponível para si mesmo, ele furta o capitalista. (Marx, 2017b, v. I, p. 307)

[44] Marx denomina "tempo de trabalho necessário" esse tempo de utilização da força de trabalho para sua subsistência e reprodução. Cf. Marx, 2017b, p. 292-293.

Os relatos da exploração de trabalhadores pelo prolongamento da jornada de trabalho são objetos de longa e minuciosa análise por parte de Marx.[45] Mesmo com o seu rigor de descrição e atendo-se a fontes públicas, relatórios, documentos governamentais e publicações na imprensa, não se pode deixar de perceber a indignação do autor pelo abjeto e desmedido despudor nessa exploração do sobretrabalho. Relatos colhidos por Marx contêm descrições que mostram a mesquinhez do furto de minutos que eram destinados ao descanso de trabalhadores, fraudes com o não pagamento acordado pela jornada de trabalho praticada e, o mais inquietante, situações aterradoras a que eram submetidas crianças a partir dos 9 anos, às vezes menos, em jornadas de trabalho que se iniciavam às 6h da manhã e se prolongavam até as 20h, 21h da noite, com pequenas pausas para o café e o almoço. Ainda mais, havia jornadas que se estendiam noite adentro, mesmo para as crianças, e estratégias de revezamento no trabalho que flagelavam os trabalhadores. Relatos e testemunhos dão conta da crueldade e da impavidez dos capitalistas, mesmo diante das condições de morbidade e pauperismo dos trabalhadores. Acerca disso, afirma Marx (2017b, v. I, p. 338):

> A produção capitalista, que é essencialmente produção de mais-valor, sucção de mais-trabalho, produz, com o prolongamento da jornada de trabalho, não apenas a debilitação da força humana de trabalho, que se vê roubada de suas condições normais, morais e físicas, de desenvolvimento e atuação. Ela produz o esgotamento e a morte prematuros da própria força de trabalho. Ela prolonga o tempo de produção do trabalhador durante certo período mediante o encurtamento de seu tempo de vida.

O refreamento às jornadas de trabalho excessivas, destaca Marx, vieram a conta-gotas através das lutas operárias. Há, ainda, outra forma de se ampliar o mais-valor para além do uso do expediente do prolongamento da jornada de trabalho. Isso se faz pela adição, no processo de trabalho, de forças produtivas ancoradas em maquinário. De acordo com Marx, há um limite temporal e físico para

---

[45] Cf. Marx, 2017b. v. I. (Cap. 8 – A jornada de trabalho).

o aumento do mais-valor através do prolongamento da jornada de trabalho. O dia tem apenas 24 horas, e o trabalhador não resiste a jornadas infindáveis. É preciso, "portanto, que ocorra uma evolução nas condições de produção do seu trabalho, isto é, em seu modo de produção e, assim, no próprio processo de trabalho" (Marx, 2017b, v. I, p. 389). Em suma,

> para aumentar a produtividade do trabalho, reduzir o valor da força de trabalho por meio da elevação da força produtiva do trabalho e, assim, encurtar parte da jornada de trabalho necessária para a reprodução desse valor, ele tem que revolucionar as condições técnicas e sociais do processo de trabalho, portanto, revolucionar o próprio modo de produção. (Marx, 2017b, v. I, p. 390)

Conclui-se, aqui, que a condição *sine qua non* da produção do mais-valor tem a sua ancoragem na exploração do trabalho. Segundo Marx (2011, p. 232), "o trabalho é o fermento que é jogado no capital e produz sua fermentação". A teoria do valor das mercadorias encontra o seu correspondente no trabalho abstrato que reifica o trabalho concreto para a produção do mais-valor. Essa possibilidade se efetiva na capacidade do capital em conseguir se tornar a força unificadora e centralizadora do trabalho humano, como Marx (2011, p. 255) destaca nos *Grundrisse*: "O grande papel histórico do capital é o de criar esse trabalho excedente". Porém, é por meio do trabalho heterônomo que se subjuga a subjetividade operária, transformando o trabalhador num autômato a serviço da máquina espoliadora do capital.

### *Trabalho heterônomo*

O mais-valor, como vimos anteriormente, "esconde-se" no processo produtivo, particularmente, no modo de produção capitalista, objeto de exaustiva investigação de Marx. Logo, o interesse do autor d'*O capital* em perscrutar e esquadrinhar a forma como se organiza a produção tem como objeto revelar os mecanismos de produção do mais-valor. Para tanto, o autor realiza um *tour de force* intelectual para compreender como as forças produtivas se constituem. Uma espécie de inventário do surgimento do capitalismo e,[46] dentro dele, a transição da forma de organização do trabalho das corporações de ofício à grande indústria, passando pela manufatura.[47] É por meio desse *tour de force* que Marx chega à conclusão de que as forças produtivas do trabalho se transformam em forças produtivas do capital. Processo no qual o trabalhador perde o controle do seu trabalho e é transformado em apêndice do processo produtivo comandado por forças heterônomas (alheias a ele). É na heteronomia da organização do trabalho que se criam as condições para a produção do mais-valor.

Vejamos como se dá esse processo, denominado, na tradição marxista, de percurso da subsunção formal à subsunção real,[48] o qual se inicia no modo de produção artesanal, evolui com o trabalho manufaturado e se efetiva na grande indústria. Marx analisa esse deslocamento e revela com agudeza que o capital promove uma inversão de valores. No capitalismo, os meios de produção deixam de ser meios para a realização do trabalho e tornam-se meios de exploração do trabalho alheio:

> Como pessoas independentes, os trabalhadores são indivíduos isolados, que entram numa relação com o mesmo capital, mas não entre si. Sua cooperação começa somente no processo de trabalho, mas então eles já não pertencem a si mesmos. Com a entrada no processo de trabalho, são incorporados ao capital. Como cooperadores, membros de um organismo laborativo, eles próprios não são mais do que um modo de existência específica do capital. A força produtiva que o trabalhador desenvolve como trabalhador social é, assim, força produtiva do capital. (Marx, 2017b, v. I, p. 408).

---

[46] Conferir, particularmente, o capítulo 24 – *A assim chamada acumulação primitiva* em Marx, 2017b, p. 785-830. Marx discorre sobre como se dá a transição do feudalismo para o capitalismo, sobretudo na Inglaterra, porta de entrada da revolução industrial.

[47] Aqui é também interessante a leitura do tópico "Formas que precederam a produção capitalista" que se encontra nos *Grundrisse* (Marx, 2011, p. 388-423).

[48] Em Marx, a subsunção do trabalhador ao capital é compreendida como um processo gradual em que o trabalhador, da condição de autonomia e controle no processo produtivo, transita para a completa subordinação em que passa a ser controlado pelo processo produtivo.

A incorporação do trabalhador pelo capital faz-se aos poucos. Marx demonstra que a primeira forma de organização social do trabalho manifesta-se na produção artesanal, nas *guildas* e ou corporações de ofício.[49] Destaque-se que, nessa forma de organização do trabalho, há uma margem bastante grande de autonomia e controle do processo de trabalho e não temos ainda o assalariamento tal e qual se convencionou a partir da grande indústria. No sistema de trabalho das *guildas* e corporações, "o próprio trabalho é ainda metade artístico, metade fim em si mesmo etc. Maestria. O próprio capitalista ainda é o mestre. A habilidade especial no trabalho assegura também a posse do instrumento" (Marx, 2011, p. 408). Destaca Marx (2011, p. 410): "O caráter essencial do sistema *guilda* e corporação do trabalho artesanal como trabalho, que constitui seu sujeito como proprietário, pode se resolver na relação com o instrumento de produção – instrumento de trabalho como propriedade". Nesse momento, ainda é o capital que se adapta ao processo de trabalho e aos meios de produção, tal como os encontra, sem modificar a sua base material. O sistema de trabalho da cooperação dos ofícios transita aos poucos para o modo de produção classificada por Marx como manufatura, que se origina de dois modos. Na primeira modalidade, "reúnem-se numa mesma oficina, sob o controle de um mesmo capitalista, trabalhadores de diversos ofícios autônomos, por cujas mãos têm de passar um produto até seu acabamento final" (Marx, 2017b, v. I, p. 411);[50] de outro modo, "muitos artesãos que

---

[49] Unidades de produção na Idade Média que dispõem do monopólio da produção. A unidade de base desse modo produtivo é o ofício constituído pelo mestre artesão, proprietário de suas ferramentas, de um ou dois empregados (os companheiros) e de um ou dois aprendizes. Essa comunidade de ofício persegue um duplo objetivo: assegurar para si o monopólio do trabalho nas cidades e evitar que exista uma concorrência interna entre seus membros. Fora das corporações de ofício não há propriamente um mercado de trabalho, nem liberdade de contratação, nem liberdade de circulação.

[50] O exemplo clássico é a produção da carruagem, em que o costureiro, o serralheiro e o correeiro ocupam-se apenas da feitura de carruagens e perdem, pouco a pouco, o costume e a capacidade de exercer seu antigo ofício em toda a sua extensão, uma vez que agora o trabalho passa a ser parcelado.

fabricam produtos iguais ou da mesma espécie [...] são reunidos pelo mesmo capital, simultaneamente e na mesma oficina" (Marx, 2017b, v. I, p. 412). Porém, esse tipo de artesão, em vez de

> executar as diversas operações numa sequência temporal, elas são separadas uma das outras, isoladas, justapostas espacialmente, sendo cada uma delas confiada a um artesão diferente e executadas ao mesmo tempo pelos trabalhadores em cooperação. Essa divisão acidental se repete, exibe as vantagens que lhe são próprias e se ossifica gradualmente numa divisão sistemática do trabalho. (Marx, 2017, v. I, p. 412)

Independentemente do modo como se origina a organização do trabalho, a configuração final é a mesma, diz Marx, um mecanismo de produção em que a decomposição e a parcelarização do trabalho se distinguem do modo de produção dos ofícios em que havia um controle sobre o processo de trabalho e dos meios de trabalho pelos trabalhadores. Com a manufatura, temos a origem do trabalho especializado, desqualificado e despojado do seu enriquecimento. No lugar do antigo artesão autônomo, surge um trabalhador parcial, realizando atividades simples e repetitivas: "uma mesma operação simples durante toda a sua vida transforma o seu corpo inteiro num órgão automaticamente unilateral dessa operação e, consequentemente, precisa de menos tempo para executá-la do que o artesão que executa alternadamente toda uma série de operações". Dessa forma, "a manufatura produz, com efeito, a virtuosidade do trabalhador detalhista, quando, no interior da oficina, reproduz e leva sistematicamente ao extremo a diferenciação natural-espontânea dos ofícios" (Marx, 2017b, v. I, p. 414). Marx assinala que, na manufatura, em que pese a crescente especialização, a destreza operária é requerida no processo de trabalho, inclusive a sua colaboração no aperfeiçoamento de ferramentas.[51] Sobre essa diferenciação, ele destaca que, na etapa posterior, na grande indústria, temos outra dinâmica:

---

[51] Sobre a sofisticação dos instrumentos de trabalho, Marx (2017b, v. I, p. 416) relata que "apenas em Birmingham são produzidas cerca de quinhentas variedades de

> Na manufatura, a articulação do processo social de trabalho é puramente subjetiva, combinação de trabalhadores parciais; no sistema da maquinaria, a grande indústria é dotada de um organismo de produção inteiramente objetivo, que o trabalhador encontra já dado como condição material da produção. (Marx, 2017b, v. I, p. 459)

A total subsunção do trabalhador ao capital dar-se-á, portanto, com a introdução da maquinaria e o definitivo assalariamento que romperá com os laços residuais de autonomia no trabalho.[52] Com a introdução da maquinaria surge a grande indústria, a fábrica. Nessa, ocorre o fechamento do percurso de transição da subsunção do trabalho ao capital. Com a grande indústria, a evolução dos meios técnicos, o desenvolvimento das máquinas-ferramentas, a maquinaria descrita por Marx,[53] assistimos à revolução na forma de produzir. O autor d'*O capital* refere-se à maquinaria introduzida pela revolução industrial como um

> monstro mecânico, cujo corpo ocupa fábricas inteiras e cuja força demoníaca, inicialmente escondida sob o movimento quase solenemente comedido de seus membros gigantescos, irrompe no turbilhão furioso e febril de seus incontáveis órgãos de trabalho propriamente ditos. (Marx, 2017b, v. I, p. 455)

---

martelos, e muitas delas servem não só a um processo particular de produção, mas, com frequência, a diferentes operações no interior de um mesmo processo".

[52] É longa e detalhada a exposição de Marx sobre o surgimento da maquinaria e o seu papel revolucionário no processo produtivo. Cf. Cap. 13 – "Maquinaria e grande indústria" (Marx, 2017b, v. I, p. 445-576).

[53] A reflexão de Marx (2017b, v. I, p. 447) sobre a maquinaria relaciona-se ao surgimento da grande indústria: "É dessa parte da maquinaria, a máquina-ferramenta, que nasce a revolução industrial no século XVIII". Contrariando muitos autores, a invenção da máquina a vapor e da máquina de fiar tem sua origem ainda no artesanato, na manufatura: "A própria máquina a vapor, tal como foi inventada no fim do século XVII, no período da manufatura, e tal como continuou a existir até o começo dos anos 1870, não provocou nenhuma revolução industrial. O que se deu foi o contrário: a criação das máquinas-ferramentas é que tornou necessária a máquina a vapor revolucionada" (Marx, 2017b, v. I, p. 449).

A maquinaria assume um significado revolucionário nas relações de produção, e o núcleo central dessa transformação reside no fato de que, por meio da intervenção da técnica e da ciência no processo de trabalho, tem-se a completa expropriação do saber do trabalhador no processo produtivo. Trata-se de uma revolução, e não apenas de uma radicalização. O caráter transformador situa-se no rompimento com os princípios da divisão do trabalho nas corporações de ofício e na manufatura. Observa-se uma autonomização dos instrumentos de trabalho frente ao trabalhador, pois se rompe a relação orgânica entre os dois, como destaca Marx (2011, p. 583), nos *Grundrisse*:

> O pleno desenvolvimento do capital só acontece [...] quando o meio de trabalho é determinado como capital fixo [...]; quando o processo de produção em seu conjunto, entretanto, não aparece como processo subsumido à habilidade imediata do trabalhador, mas como aplicação tecnológica da ciência. Por isso a tendência do capital é conferir à produção um caráter científico, e o trabalho direto é rebaixado a um simples momento desse processo.

Marx destaca que a maquinaria se volta contra o próprio trabalhador, contra a sua autonomia, a sua capacidade de criação, de autorreconhecimento naquilo que faz. Afirma Marx (2017b, v. I, p. 494):

> Na manufatura e no artesanato, o trabalhador se serve da ferramenta; na fábrica, ele serve à máquina. Lá, o movimento do meio de trabalho parte dele; aqui, ao contrário, é ele que tem de acompanhar o movimento. Na manufatura, os trabalhadores constituem membros de um mecanismo vivo. Na fábrica, tem-se um mecanismo morto, independente deles e ao qual são incorporados como apêndices vivos.

Continua o autor: "Transformado num autômato, o próprio meio de trabalho se confronta, durante o processo de trabalho, com o trabalhador como capital, como trabalho morto, a dominar e sugar a força de trabalho vivo" (Marx, 2017b, v. I, p. 495). Há uma cisão do todo corpóreo do trabalho, o seu valor fica reduzido à venda de energia física, e a capacidade de raciocínio do trabalhador é dispensada. Há uma fragmentação, um fracionamento do trabalhador, que o reduz como pessoa e o direciona à maior subordinação e exploração. Essa é uma importante crítica de Marx, que aduz ao fato da eliminação da subjetividade operária, da eliminação do "trabalho vivo", do seu enriquecimento no processo produtivo. A maquinaria elimina tudo isso:

> O processo de produção deixou de ser processo de trabalho no sentido de processo dominado pelo trabalho como unidade que o governa. Ao contrário, o trabalho aparece unicamente como órgão consciente, disperso em muitos pontos do sistema mecânico em forma de trabalhadores vivos individuais, subsumido ao processo total da própria maquinaria, ele próprio só um membro do sistema, cuja unidade não existe nos trabalhadores vivos, mas na maquinaria viva (ativa), que, diante da atividade isolada, insignificante do trabalhador, aparece como organismo poderoso. (Marx, 2011, p. 581)

Ainda mais claramente: "Na maquinaria, o trabalho objetivado se contrapõe ao trabalho vivo no próprio processo do trabalho como o poder que o governa, poder que, de acordo com sua forma, o capital é como apropriação do trabalho vivo" (Marx, 2011, p. 581).

Os efeitos deletérios da introdução da maquinaria no processo produtivo não se restringem apenas ao fato do trabalhador se tornar um autômato, vai para muito além e resulta num aumento exponencial na exploração do trabalho. É extensa e dramática a explanação de Marx sobre as consequências da maquinaria na vida dos trabalhadores. Relata que o trabalho infantil e feminino foi largamente utilizado nessa etapa produtiva, pois

> À medida que torna prescindível a força muscular, a maquinaria converte-se no meio de utilizar trabalhadores com pouca força muscular ou desenvolvimento corporal imaturo, mas com membros de maior flexibilidade [...] Por isso, o trabalho feminino e infantil foi a primeira palavra de ordem da aplicação capitalista da maquinaria. (Marx, 2017, v. I, p. 468)

Segundo Marx, outro efeito deletério da maquinaria foi a redução de custos por parte do capitalista com a força de trabalho e o consequente aumento dos seus ganhos:

> O valor da força de trabalho estava determinado pelo tempo de trabalho necessário à manutenção não só do trabalho adulto individual, mas do núcleo familiar. Ao lançar no mercado de trabalho todos os membros da família do trabalhador, a maquinaria reparte o valor da força de trabalho do homem entre sua família inteira. Ele desvaloriza, assim, sua força de trabalho. (Marx, 2017b, v. I, p. 468)

Destaca, ainda, que a maquinaria contribui para o reordenamento da jornada de trabalho. Temos aqui uma espécie de junção do mais--valor relativo e do mais-valor absoluto que aumenta exponencialmente a produtividade:

> A maquinaria é o meio mais poderoso de incrementar a produtividade do trabalho, isto é, de encurtar o tempo de trabalho necessário à produção de uma mercadoria, ela se converte, como portadora do capital nas indústrias de que imediatamente se apodera, no meio mais poderoso de prolongar a jornada de trabalho para além do limite natural. (Marx, 2017b, v. I, p. 475-476)

A lista não termina por aqui. A maquinaria possibilita ainda a intensificação da jornada com a eliminação da *porosidade no trabalho* e ocasiona danos irreparáveis à saúde dos trabalhadores:[54]

> Todos os órgãos dos sentidos são igualmente feridos pela temperatura artificialmente elevada, pela atmosfera carregada de resíduos de matéria-prima, pelo ruído ensurdecedor etc., para não falar do perigo mortal de se trabalhar num ambiente apinhado de máquinas que, com a regularidade das estações do ano, produz seus boletins de batalha industrial. (Marx, 2017b, v. I, p. 497-498)[55]

Marx faz referência também ao efeito de supressão de empregos a partir da introdução da maquinaria no processo produtivo, e à reação

---

[54] A intensificação do trabalho, condição para o aumento da produtividade, é descrita por Marx como uma obsessão por parte dos capitalistas. Todos os recursos possíveis para eliminar no trabalho as interrupções, os intervalos, o tempo de descanso dos trabalhadores eram perseguidas pelos empregadores. A porosidade é compreendida na literatura marxista como o tempo do não trabalho, buscada pelos trabalhadores para evitar o desgaste excessivo imposto pelos patrões.

[55] "Batalha industrial", no caso, é uma referência ao elevado número de acidentes de trabalho.

operária: "A destruição massiva de máquinas que, sob o nome de *ludismo*,[56] ocorreu nos distritos manufatureiros ingleses durante os quinze primeiros anos do século XIX e que foi provocado sobretudo pela utilização do tear a vapor" (Marx, 2017b, v. I, p. 501).

Outro efeito deletério citado por Marx é o caráter desorganizador do sistema manufatureiro anterior, promovido pela dinâmica da grande indústria com seus salários miseráveis e a utilização despudorada do trabalho infantil e feminino no sistema domiciliar:

> Atualmente, essa indústria se converteu no departamento externo da fábrica, da manufatura ou da grande loja. Além dos trabalhadores fabris, dos trabalhadores manufatureiros e dos artesãos, que ele concentra espacialmente em grandes massas e comanda diretamente, o capital movimenta, por fios invisíveis, um outro exército: o dos trabalhadores domiciliares, espalhados pelas grandes cidades e pelo campo. (Marx, 2017, v. I, p. 533)

A isso Marx denomina, ironicamente, "trabalho domiciliar moderno". A situação da condição de trabalho com a revolução das forças produtivas resulta na completa heteronomia na organização do trabalho, o que leva o trabalhador à total subordinação e coisificação:

> Do ponto de vista social, a classe trabalhadora, mesmo à margem do processo imediato de trabalho, é um acessório do capital tanto quanto o é o instrumento morto de trabalho. Mesmo seu consumo individual, dentro de certos limites, não é mais do que um momento do processo de reprodução do capital. (Marx, 2017, v. I, p. 648)

Encontra-se o trabalhador, afirma Marx (2017b, v. I, p. 652), em um "beco sem saída" (*Zwickmühle*):

[56] Movimento de operários ingleses, majoritariamente do ramo de tecelagem e fiação, que destruíam máquinas por considerarem que estas lhes roubavam os empregos e reduziam salários. *Ludismo* é uma referência a Ned Ludd, criação literária, sobre a qual há dúvidas se efetivamente foi uma personagem real. Entre as versões literárias que falam de sua origem, é associado a um aprendiz no ramo da tecelagem que teria destruído a sua máquina a marteladas depois de ter sido advertido por seu baixo desempenho produtivo.

> em seu próprio desenrolar, portanto, o processo capitalista de produção reproduz a cisão entre força de trabalho e condições de trabalho. Com isso, ele reproduz e eterniza as condições de exploração do trabalhador. Ele força continuamente o trabalhador a vender a sua força de trabalho para viver e capacita continuamente o capitalista a comprá-la para se enriquecer.

O beco sem saída diz respeito à condição de servidão. "O escravo romano estava preso por grilhões a seu proprietário, o assalariado o está por fios invisíveis. Sua aparência de independência é mantida pela mudança constante dos patrões individuais e pela *fictio juris* do contrato" (Marx, 2017b, v. I, p. 648).

É importante ressaltar, no entanto, que, em que pese a aparente demonização de Marx às máquinas-ferramentas, é um equívoco considerar sua crítica descontextualizada do seu método – o materialismo dialético. A partir desse método, percebe-se que o desenvolvimento dos meios técnicos é condição necessária para o surgimento do conceito de classe social. É o desenvolvimento das forças produtivas e o amadurecimento do capitalismo que possibilitam a irrupção de um novo ator social no cenário da sociedade industrial, como a propósito se lê nos *Grundrisse*: "Se a sociedade, tal como é, não contivesse, ocultas, as condições materiais de produção e circulação necessárias a uma sociedade sem classes, todas as tentativas de criá-la seriam quixotescas" (Marx *apud* Rosdolsky, 2011, p. 353).[57] O objetivo principal de Marx ao estudar a tecnologia, a introdução da máquina-ferramenta no processo produtivo, é compreender a mudança de base material do capitalismo. O seu interesse no estudo da tecnologia é apreender a mudança de patamar que ocorre nas relações produtivas e sociais. O que deseja, antes de tudo, é decifrar a lógica das forças produtivas na dinâmica da luta de classes.

[57] Curiosamente, essa citação de Rosdolsky atribuída a Marx não se encontra na versão dos *Grundrisse* traduzida para o português (Boitempo, 2011). Uma hipótese, considerando-se que Rosdolsky trabalhou com textos originais de Marx, é de que tenha havido problemas de tradução na edição de língua portuguesa.

*Fetichismo: trabalho e capital*

Uma das críticas mais contundentes de Marx ao capitalismo é de que ele se apresenta como ordem natural das coisas, ou seja, como um sistema que esconde a essência de suas contradições. Ainda mais, reveste-se de uma normalidade institucional que legitima os mecanismos de injustiça social. Suas esferas de produção e circulação apagam a "substância" que efetivamente é a responsável pela produção da riqueza: o trabalho.[58] Trata-se da assertiva, em Marx, de que as forças produtivas do trabalho se apresentam como sendo forças produtivas do capital.

> Já vimos diversas forças produtivas subjetivas do trabalho que se apresentam como forças produtivas do capital. Por um lado, o valor, o trabalho morto que domina o trabalho vivo, é personificado no capitalista; por outro lado, inversamente, o trabalhador aparece como mera força de trabalho objetivada, como mercadoria. Dessa relação invertida deriva necessariamente, já na mais simples relação de produção, a representação errônea correspondente, uma consciência deslocada [*transponierts Bewusstsein*] que continua a se desenvolver por meio de transformações e modificações do processo de circulação propriamente dito. (Marx, 2017b, v. III, p. 71)

O que o autor d'*O capital* quer dizer é que a substância primeira, o trabalho, que produz valor, é ocultado em suas esferas de produção e circulação. Dessa forma, o capital assume autodeterminação como se ele mesmo engendrasse a produção de valor. Essa capacidade de se apresentar como aquilo que ele não é, de se apresentar numa determinada forma, ocultando o seu real conteúdo, é o que Marx chama de *fetichismo*.

O fetichismo, em Marx, é uma categoria das mais importantes, muitas vezes equivocadamente associada apenas à mercadoria. Em

[58] Substância se refere ao trabalho, no caso, o trabalho que produz o mais-valor, o trabalho abstrato. Diz Marx (2017b, v. I, p. 602): "Todo mais-valor, qualquer que seja a forma particular em que mais tarde se cristalize, como o lucro, a renda etc., é, com relação à sua substância, a materialização [*Materiatur*] de tempo de trabalho não pago. O segredo da autovalorização do capital se resolve no fato de que este pode dispor de uma determinada quantidade de trabalho alheio não pago".

Marx, a totalidade do sistema capitalista, recursivamente – do princípio ao fim e do fim ao princípio – é manifestação do fetiche que se traduz no modo de representação capitalista. Quem destaca essa particularidade é Grespan (2019a),[59] ao afirmar que, em Marx, ao modo de produção capitalista corresponde um modo de representação capitalista que é descrito, sobretudo, no livro III d'*O Capital*. Grespan comenta que Marx planejou esse volume como conclusão de sua crítica da Economia Política:[60]

> Não se pode, portanto, compreender o sentido dessa 'totalidade' [do capitalismo] só pela leitura do primeiro volume. É certo que o processo do capital estabelece o fundamento de seu sistema social e que o capital industrial domina porque obtém excedente de valor a partir da esfera da produção; mas esse mesmo domínio só se completa com a reprodução do capital, examinada no segundo volume, e com o 'processo total' que compõe o terceiro. (Grespan, 2019a, p. 33)

Logo, o modo de representação capitalista, descrito no livro III, é, de certa forma, o coroamento do sistema do capital que se inicia com o modo de produção capitalista, descrito no livro I. O fetichismo perpassa ambos os "modos", revelando-se em suas formas de "Apresentação" e "Representação".

Daqui para a frente, no desvendamento da categoria fetichismo, em Marx, utilizaremos as chaves de interpretação de Grespan (2019a; 2019b). O autor comenta que o modo de representação capitalista tem correspondência direta com o modo de produção capitalista e

---

[59] A obra de Grespan é original ao argumentar que o fetichismo é um conceito-chave para entender a estrutura da obra de Marx. A originalidade encontra-se, sobretudo, no nexo causal que verifica a articulação dos três livros e em sua descrição de como o "modo de representação capitalista" apresenta-se como espelho invertido do "modo de produção capitalista".

[60] Marx tinha em mente a publicação da obra *O capital* e os seus três volumes ao mesmo tempo. Expressou essa vontade em carta dirigida a Engels em 31 de julho de 1865: "Decidi não expedir nada antes de ter o conjunto diante dos meus olhos. Quaisquer defeitos que possam ter, essa é a vantagem dos meus escritos, que constituem um todo artístico" (Marx e Engels, 2020, p. 186).

que, para compreendê-lo, faz-se necessário desvendar os conceitos de *Representação* e *Apresentação*.[61]

O autor procura, então, definir os sentidos de apresentação e representação, pouco explorados n'*O capital*. Para ele, um caso, mas não apenas, que elucida bem a relação apresentação-representação é a mercadoria, que se "apresenta" para fora como valor de uso, mas carrega em si um valor de troca. O valor de troca é descrito, em Marx, a partir da teoria do valor-trabalho, que condensa o mais-valor, resultante do trabalho abstrato. A mercadoria, entretanto, em sua apresentação, é representada pelo dinheiro. O dinheiro, mercadoria utilizada como denominador comum de valor das mercadorias, assume a representação de valor de todas elas, escondendo a sua real origem. A mercadoria que diretamente atribui valor ao dinheiro inverte-se, e, na prática, é como se fosse o dinheiro que determinasse o valor da mercadoria. Logo, o dinheiro passa a ser concebido como o "real" definidor do valor das mercadorias. Temos, então, por um lado, a apresentação como a exposição do conteúdo da mercadoria e a representação como o conjunto de ideias que conformam o sentido comum entre os agentes sociais, aqueles que travam a comercialização das mercadorias. O que se quer dizer é que, efetivamente, o dinheiro passa a encarnar, sem contestações, o valor de todas as mercadorias, invertendo, dessa forma, a lógica da apresentação, que é o que define o valor da mercadoria. Diz Grespan, seguindo o raciocínio de Marx:

> É dessa maneira que o dinheiro e a mercadoria se apresentam, que se colocam na cena social: como se cada qual não fosse uma unidade contraditória de determinações opostas, e sim algo simples e unívoco, desempenhando um papel harmônico, complementar ao do outro [...]. A 'apresentação' consiste, portanto, na exteriorização do conflito

[61] Grespan destaca que esses conceitos passaram muitas vezes despercebidos nas traduções de Marx. Em seu livro (Grespan, 2019a), Grespan traduz *Darstellung* por "Apresentação", com o verbo correspondente *darstellen* por "Apresentar", e *Vorstellung* por "Representação", com o verbo correspondente *vorstellen* por "Representar".

> interno, que se exterioriza justamente por ser luta de opostos dentro de uma mesma totalidade social – a mercadoria. E consiste também, a partir daí, na forma pela qual essa exteriorização oculta a oposição interna. (Grespan, 2019a, p. 105-106)

A representação, portanto, oculta a apresentação, que é a forma originária da produção de valor. Esse modelo, segue Grespan – anunciado no volume I d'*O capital*, mas que encontra sua explicitação mais clara no volume III –, vê-se nas demais *formas*[62] intrínsecas ao *modus operandi* do capitalismo, ou seja, coisas que se projetam externamente, ocultando sua oposição interna. É o caso, cita o autor, por exemplo, da oposição entre capital e trabalho assalariado, entre capital constante e variável, entre a subordinação formal e real do trabalho ao capital. A inversão fundamental, a mais importante, pensando na totalidade do capitalismo, entretanto, manifesta-se no mais-valor. É aqui que se vê o ocultamento do modo de produção capitalista pelo modo de representação em sua simbologia – fetichismo – elevada à maior condição. O sistema capitalista distribui ao mais-valor produzido pelo trabalho apresentando-o como algo inerente ao seu sistema, diluído em sua espiral produtiva, comercial e financeira. Afirma Marx (2017b, v. III, p. 70):

> o próprio mais-valor aparece não como produto da apropriação do tempo de trabalho, mas como excedente do preço de venda das mercadorias sobre seu preço de custo, que, por esse motivo, apresenta-se facilmente como seu verdadeiro valor [*valeur intrinsèque*], de modo que o lucro aparece como excedente de preço de venda das mercadorias sobre seu valor imanente.

---

[62] *Forma*, em Marx, destaca Grespan (2019a, p. 95-100), é mais do que uma categoria, é um conceito determinante em toda a sua produção teórica. O autor entende como processos que, por meio de metamorfoses, alteram-se, mas não anulam a forma original. Tome-se, por exemplo, o conceito de valor: "O valor de troca é a forma do valor, ou forma externa da forma interna. Por isso, um trecho da primeira edição d'*O capital*, em 1867, já afirmava: '*forma social* de mercadoria e *forma de valor* ou *forma de permutabilidade* são uma só e a mesma'" (Grespan, 2019a, p. 99-100).

Tem-se, aqui, o modo de representação se sobrepondo ao modo de produção. É clara, em Marx, a apresentação de que é o trabalho que cria mais-valor. A apropriação desse valor não pago pelo capital, entretanto, autonomiza-se nas relações de troca e esconde a exploração do trabalho. Nessa lógica, destaca Grespan (2019b, p. 7):

> o excedente econômico – salários, lucro industrial e comercial, juros pagos aos bancos e renda paga aos proprietários da terra rural e urbana – 'apresentam-se' como os 'fatores' que juntos criam a massa de valor e de riqueza – o trabalho, o capital industrial e comercial, o capital bancário e a propriedade da terra.

Por isso, explica Marx (*apud* Grespan, 2019b, p. 7), "os economistas acreditam que esses elementos são 'fatores' independentes que, somados, compõem o valor social e que devem receber, cada qual, a parte que lhes cabe na divisão do bolo que produziram". Segundo Marx (2017b, v. III, p. 202),

> o conceito do valor escapa ao capitalista, porque este não tem diante de si o trabalho total que custa a produção da mercadoria, apenas a parte do trabalho total que pagou na forma de meios de produção, vivos ou mortos, razão pela qual o lucro lhe aparece como algo situado fora do valor imanente da mercadoria, agora essa ideia é plenamente confirmada, consolidada, ossificada pelo fato de que o lucro agregado ao preço de custo, caso se considere essa esfera particular da produção, não está determinado pelos limites da criação do valor que ocorre no interior dessa própria esfera, mas, pelo contrário, de maneira totalmente exterior.

O fetichismo, portanto, tem a ver com essa capacidade do capitalismo de promover a inversão entre o conteúdo e a forma. É o caso da mercadoria, já citado, que, nas relações de troca, apaga as relações antes presentes na esfera da produção, assumindo vida própria. Ou seja, passa a representar algo que efetivamente oculta a sua essência. O fetichismo da mercadoria é apenas um caso e, segundo Marx, a forma inicial e mais simples. Mas há outros fetichismos: "Fetichismos mais complexos são os do dinheiro e do capital em seus vários modos de existência: o capital produtivo e, por fim, o capital financeiro, que

Marx chama de 'forma mais acabada e plena' de fetichismo" (Grespan, 2019a, p. 7). Nas palavras de Marx (2017b, v. III, p. 891-892):

> A autonomização da forma do mais-valor, sua ossificação em relação à sua substância, a sua essência, completa-se com a divisão do lucro em lucro empresarial e juros (para não falar da atuação do lucro comercial e do lucro no comércio de dinheiro, que se fundem na circulação e parecem derivar inteiramente dela, e não do processo de produção). Uma parte do lucro separa-se inteiramente da relação do capital propriamente dita e, em oposição à outra parte, apresenta-se como derivada não de exploração de trabalho assalariado, mas do trabalho assalariado do próprio capitalista. Em contrapartida, os juros aparecem, então, como independentes, seja do trabalho assalariado do trabalhador, seja do próprio trabalho do capitalista, e tendo origem no capital como sua fonte própria e independente. Se o capital apareceu originalmente, na superfície da circulação, como fetiche de capital, como valor que cria valor, agora ele se apresenta outra vez na forma do capital que rende juros, que é sua forma mais estranhada e peculiar.

Para Marx, o capital cria a sua religião: "Capital-lucro, terra-renda fundiária, trabalho-salário: eis a fórmula trinitária na qual estão contidos todos os segredos de produção social" (Marx, 2017b, v. III, p. 877). E segue,

> ao capitalista, aparece seu capital; ao proprietário fundiário, seu solo; e ao trabalhador sua força de trabalho, ou melhor, seu próprio trabalho (porquanto ele só vende efetivamente a força de trabalho na medida em que ela se exterioriza, e porque para ele, como mostramos anteriormente, o preço da força de trabalho, sobre a base do modo de produção capitalista, apresenta-se necessariamente como preço do trabalho) – portanto, três fontes de seus rendimentos específicos: o lucro, a renda fundiária e o salário. (Marx, 2017b, v. III, p. 884)

Nessa trindade, assim como na trindade religiosa, não há autonomia, separação entre os elementos. Há uma origem em comum às "três fontes", e ela é o trabalho. É o ato do trabalho que dá forma ao capital trinitário. É apenas a partir do trabalho, o ato primário, convertido pelo capitalismo num modo específico, produtor de mais-valor, que se verifica, posteriormente, o deslocamento em suas outras formas. O fetichismo é a capacidade que o capital tem em ocultar o conteúdo real dos fatos. Sob a perspectiva do trabalho, o fetichismo dá forma ao fato de que entre os trabalhadores e suas criações instala-se uma relação de exterioridade (Spurk, 2005). Eles não são os sujeitos criadores das coisas, ao contrário, as coisas é que são as mestras de seu destino. O fetichismo é a penetração da lógica do capital no centro da vida social.

## O LUGAR DA CATEGORIA TRABALHO NO MÉTODO MARXISTA

Marx poucas vezes ocupou-se do seu método de investigação social. Não se vê em sua vasta obra a descrição ou a redação pormenorizada de princípios e regras para um método de pesquisa.[63] Ele nunca o fez deliberadamente. Ao considerarmos, entretanto, como pressuposto para a metodologia a clara definição de um objeto de pesquisa e os procedimentos de acercamento a esse objeto, vê-se que Marx construiu uma metodologia que salta aos olhos. Nessa perspectiva, não é exagero afirmar que toda a sua obra está prenhe de metodologia. Desde seus primeiros escritos, da crítica à filosofia hegeliana à crítica à Economia Política, vê-se o objeto de pesquisa, em Marx, agigantando-se e revelando coerência e rigor em sua análise.

Ainda muito jovem, trabalhando como jornalista na *Gazeta Renana*, Marx se inquietava com as severas punições que recebiam os camponeses que furtavam lenha nas florestas. Vem daí o seu interesse pelas questões econômicas. Afirma Marx (2008, p. 46):

> Minha área de estudos era a jurisprudência, à qual, todavia, eu não me dediquei senão de um modo acessório, como uma disciplina subordinada relativamente à Filosofia e à História. Em 1842-1843, na qualidade de redator da *Rheinische Zeitung* [*Gazeta Renana*], encontrei-me, pela primeira vez, na embaraçosa obrigação de opinar sobre os chamados interesses materiais. Os debates do *Landtag* [Parlamento regional] renano sobre os delitos florestais e o parcelamento da propriedade fundiária, a

[63] Reconhece-se que o lugar em que melhor Marx explicitou os contornos do seu método de pesquisa foi na *Introdução* dos *Grundrisse* (Marx, 2011, p. 39-64) e no *Prefácio* da *Contribuição à crítica da Economia Política* (Marx, 2008, p. 45-50).

> polêmica oficial que o sr. Von Schaper, então governador da província renana, travou com a *Gazeta Renana* sobre as condições de existência dos camponeses do Mosela, as discussões, por último, sobre o livre-câmbio e o protecionismo proporcionaram-me os primeiros motivos para que eu começasse a me ocupar das questões econômicas.

As "questões econômicas" nunca mais abandonaram Marx e é a elas que dedicará décadas de pesquisa.

Assim, desde muito jovem Marx vai construindo o seu método, tendo como referência a busca pela compreensão da vida material, chegando ao objeto de pesquisa por ele definido: "a moderna produção burguesa é de fato o nosso verdadeiro tema" (Marx, 2011, p. 41) ou ainda "o objeto nesse caso é, primeiramente, a produção material [...] indivíduos produzindo em sociedade" (Marx, 2011, p. 39). N'*O capital*, sua obra madura, afirma: "o que eu pretendo investigar é o modo de produção capitalista [...] desvelar a lei econômica do movimento da sociedade moderna" (Marx, 2017b, v. I, p. 78-79). No prefácio da obra *Contribuição à crítica da Economia Política* (1859), Marx (2008, p. 47) revela o seu achado:

> Minhas investigações me conduziram ao seguinte resultado: as relações jurídicas, bem como as formas de Estado, não podem ser explicadas por si mesmas, nem pela chamada evolução geral do espírito humano; essas relações têm, ao contrário, suas raízes nas condições materiais de existência.

Aí está o objeto de Marx, as "condições materiais de existência". Marx, porém, não chegou casualmente a esse objeto. Ele é resultado de um longo percurso intelectual que se inicia com seus estudos de filosofia e chegam à Economia Política. Note-se que n'*A ideologia alemã*, em que desconstrói o sistema hegeliano de explicação da vida social, Marx já intui que a compreensão da realidade, da vida material, é o ponto de partida para a compreensão de como funciona a sociedade. Diz ele:

> Não se parte daquilo que os homens dizem, imaginam ou representam, tampouco dos homens pensados, imaginados e representados para, a

partir daí, chegar aos homens de carne e osso; parte-se dos homens realmente ativos, e a partir de seu processo de vida real expõe-se também o desenvolvimento dos reflexos ideológicos e dos ecos desse processo de vida real. (Marx e Engels, 2007, p. 94)

Portanto, Marx sinaliza claramente que

> não é a consciência que determina a vida, mas a vida que determina a consciência. No primeiro modo de considerar as coisas, parte-se da consciência como do indivíduo vivo; no segundo, que corresponde à vida real, parte-se dos próprios indivíduos reais, vivos, e se considera a consciência apenas como *sua* consciência. (Marx e Engels, 2007, p. 94)

Encontramos, aqui, uma ruptura epistemológica com o método hegeliano,[64] que dá forma ao método de Marx. Fato esse registrado por ele no prefácio d'*O capital*:

> Meu método dialético, em seus fundamentos, não é apenas diferente do método hegeliano, mas exatamente o seu oposto. Para Hegel, o processo de pensamento que ele, sob o nome de Ideia, chega mesmo a transformar num sujeito autômato, é o demiurgo do processo efetivo, o qual constitui apenas a manifestação externa do primeiro. Para mim, ao contrário, o ideal não é mais do que o material, transposto e traduzido na cabeça do homem. (Marx, 2017b, v. I, p. 90)

Metodologicamente, Marx deve muito a Hegel, particularmente ao seu modelo de abstração e ao construto da dialética na elaboração dos seus conceitos. Porém, de posse desse arsenal, desconstruirá os argumentos de explicação da vida societária de Hegel. Marx abandona Hegel e Feuerbach, sem negar a importância que tiveram em sua formação intelectual. Percebe, porém, que ambos são insuficientes para dar conta das explicações da realidade social. Sobre Hegel, diz ele:

---

[64] Sempre é necessário certo cuidado quando se fala em ruptura epistemológica de Marx em relação a Hegel, porque ao mesmo tempo em que essa afirmação é possível, é apenas em medida parcial, uma vez que Marx sempre se serviu de Hegel. Essa percepção é confirmada pelo próprio Marx, que ora afirma peremptoriamente que rompeu com o método de Hegel, ora – principalmente em cartas a Engels (Marx e Engels, 2020) – destaca que tem retomado os escritos de Hegel para melhorar o seu método.

> Hegel caiu na ilusão de conceber o real como resultado do pensamento que sintetiza-se em si, aprofunda-se em si e movimenta-se a partir de si mesmo, enquanto o método de ascender do abstrato ao concreto é somente o modo de pensamento de apropriar-se do concreto, de reproduzi-lo como um concreto mental. Mas de forma alguma é o processo de gênese do próprio concreto. (Marx, 2011, p. 54-55)

Sobre Feuerbach, que contribuiu para "puxá-lo" ao chão ao contestar o lugar da religião no sistema hegeliano, comenta:

> Ele não vê como o mundo sensível capta a 'verdadeira essência' das coisas. Ele não vê como o mundo sensível que o rodeia não é uma coisa dada imediatamente por toda a eternidade e sempre igual a si mesma, mas o produto da indústria e do estado de coisas da sociedade, e isso precisamente no sentido de que é um produto histórico, o resultado da atividade de toda uma série de gerações, que cada uma delas sobre os ombros da precedente, desenvolveram sua indústria e seu comércio e modificaram sua ordem social de acordo com as necessidades alteradas. (Marx e Engels, 2007, p. 29)

Como percebemos, a materialidade dos fatos é o que importa para Marx, e é esse o objeto central sobre o qual edifica toda a sua argumentação. Retornaremos a isso. Há, porém, outro aspecto relevante presente na metodologia marxiana e que está relacionado ao anterior: o da historicidade. Marx foi um estudioso incansável dos acontecimentos históricos, da formação das sociedades. É infatigável e acurado em Marx o estudo de como se desenvolve a história da civilização humana e suas relações sociais de produção e poder. Contudo, para Marx, a história não deve ser interpretada linearmente, como mero encadeamento de fatos que vão explicando e anunciando o devir histórico. Em Marx cada período histórico deve ser compreendido por meio do rigoroso exame das relações materiais, ou seja, da produção e reprodução da vida do período em análise. É dessa forma que interessa a Marx os estudos dos modos de produção em períodos históricos distintos; não porque eles se sucedem ou porque o modo de produção anterior explica o posterior. Diz Marx (2011, p. 400-401):

> Mas o fato de que a história pré-burguesa, e cada fase sua, também tem a sua *economia* e uma *base econômica* do movimento, 'no fundo',

é a simples tautologia de que a vida dos seres humanos desde sempre esteve baseada na produção, de uma ou outra maneira, na produção *social*, cujas relações chamamos justamente de relações econômicas.

A Marx interessa nos processos históricos a interpretação, sobretudo, das relações de produção, porque são elas que auxiliam na compreensão de como se constituíram os modos de produção de distintos períodos históricos. Ainda, Marx, de certa forma, inverte o raciocínio de que as fases anteriores da história explicam as posteriores. Ao contrário, o presente é que auxilia na compreensão das sociedades anteriores, particularmente, na análise das categorias econômicas em seu interior. É a ideia do mais complexo para o mais simples. Os modelos societários mais complexos ajudam na compreensão dos modelos societários mais simples. Sendo assim,

> a sociedade burguesa é a mais desenvolvida e diversificada organização histórica da produção. Por essa razão, as categorias que expressam suas relações e a compreensão de sua estrutura permitem simultaneamente compreender a organização e as relações de produção de todas as formas de sociedades desaparecidas, com cujos escombros e elementos edificou-se, parte das quais ainda carrega consigo como resíduos não superados, parte [que] nela se desenvolvem de meros indícios em significações plenas etc. A anatomia do ser humano é uma chave para a anatomia do macaco. (Marx, 2011, p. 58)

Tome-se como exemplo a escravidão:

> A escravidão direta é o eixo da indústria burguesa, assim como as máquinas, o crédito etc. Sem a escravidão, não teríamos o algodão; sem o algodão, não teríamos a indústria moderna. A escravidão deu valor às colônias, as colônias criaram o comércio universal, o comércio universal é a condição da grande indústria. Assim, a escravidão é uma categoria econômica da mais alta importância. (Marx e Engels, 2007, p. 103)

O que se depreende daí é que a categoria escravidão é ainda mais compreensível quando se toma como referência o modo produtivo da sociedade capitalista. Não apenas a gênese dela se torna ainda mais clara, mas também a forma que assume no tempo presente, que é distinta da forma anterior. Logo, em Marx, a análise diacrônica deve ser conjugada com a análise sincrônica (Netto, 2011).

Esse método particular de olhar a história é interessante, porque ele não é determinista. Modos de produção e de organização social são produtos dos contextos históricos das sociedades do respectivo período e, quando eles se "reproduzem", alteram-se, porque se alteram as forças produtivas da sociedade. Reside nisso o interesse de Marx pela evolução das forças produtivas. Compreender o patamar dessas mudanças auxilia na compreensão da sociedade que se produz. Observe-se a ideia contida no *Manifesto comunista*:

> A burguesia não pode existir sem revolucionar incessantemente os instrumentos de produção, por conseguinte, as relações de produção, e, com isso, todas as relações sociais. [...] Dissolvem-se todas as relações sociais antigas e cristalizadas, com seu cortejo de concepções e de ideias secularmente veneradas [...] Tudo o que era sólido e estável se desmancha no ar [...]. Os homens são obrigados finalmente a encarar sem ilusões a sua posição social e as suas relações com outros homens. (Marx e Engels, 2010, p. 43)

A partir daí é possível afirmar que:

> As relações sociais estão intimamente ligadas às forças produtivas. Adquirindo novas forças produtivas, os homens mudam seu modo de produção e, ao mudar o modo de produção, a maneira de ganhar a vida, eles mudarão as suas relações sociais. O moinho movido pelo braço humano nos dá a sociedade com o suserano; o moinho a vapor nos dá a sociedade com o capitalista industrial. (Marx, 2017a, p. 102)

Essa "dica" metodológica é da maior importância para quem quer compreender a sociedade hoje. O que se quer dizer é que a utilização das categorias da sociedade industrial dos séculos XVIII e XIX são insuficientes para a compreensão das revoluções produtivas posteriores e suas inflexões na sociedade, mas elas, as categorias analíticas da sociedade à época, permanecem com a adequada hermenêutica, válida para se entender o hoje. É dessa forma que Marx vê a história, como um movimento em aberto, não determinado.

Outro conceito importante para a compreensão do método de Marx é o da abstração. O conceito é tomado "emprestado" de Hegel. Todo o sistema hegeliano é construído a partir de abstrações, da totalidade para a singularidade, e Marx adota esse modelo em suas análises. A abstração

> é a capacidade intelectiva que permite extrair de sua contextualidade determinada (de uma totalidade) um elemento, isolá-lo, examiná-lo; [...] A abstração possibilitando a análise, retira do elemento abstraído as determinações mais concretas, até atingir as 'determinações mais simples'. (Netto, 2011, p. 44)

Interessa a Marx o concreto, mas o concreto, por mais paradoxal que possa ser, não está dado muitas vezes, é necessário abstraí-lo de um sistema maior, de uma totalidade. Althusser, nos *Textos Introdutórios* ao volume I d'*O capital* (Marx, 2017b, v. I, p. 22), afirma que

> a abstração é justamente o fato de ele designar uma realidade concreta que existe realmente, mas que não podemos 'tocar com as mãos' ou 'ver com os olhos'. Todo conceito abstrato fornece, portanto, o conhecimento de uma realidade cuja existência ele revela: conceito abstrato quer dizer, então, fórmula aparentemente abstrata, mas, na realidade, terrivelmente concreta pelo objeto que designa.

É dessa forma, por exemplo, que Marx chega ao conceito de *trabalho abstrato* para explicar o trabalho concreto como produtor do mais-valor, ou quando fala em *trabalho socialmente necessário*, ou, ainda, quando parte da totalidade da produção que reúne circulação, troca e consumo para se chegar ao concreto, ao trabalho, à essência que faz compreender a totalidade. Afirma Marx (2011, p. 54):

> O concreto é concreto porque é a síntese de múltiplas determinações, portanto, unidade na diversidade. Por essa razão, o concreto aparece no pensamento como processo da síntese, como resultado, não como ponto de partida, não obstante seja o ponto de partida efetivo e, em consequência, também o ponto de partida da intuição e da representação.

Dessa forma, a abstração é um recurso metodológico largamente utilizado por Marx para construir os seus argumentos.

Retornemos agora ao lugar que o trabalho ocupa no método de Marx. Muito já se ressaltou sobre como Marx inicia sua obra maior, *O capital*, tratando da mercadoria. Afirma que nos tornamos uma sociedade da mercadoria, que esta se tornou a mediadora da vida social. As relações pessoais são secundarizadas pelas relações de troca nas quais a mercadoria, através do dinheiro – outra mercadoria –, assume o protagonismo social invertendo as relações sociais. Aqui reside a fetichização da mercadoria, conteúdo abordado anteriormente. E por quê? Exatamente porque a mercadoria esconde o que a transformou em mercadoria: o trabalho. Afirma Marx (2017b, v. I, p. 116): "Abstraindo do valor de uso dos corpos-mercadoria, resta nelas uma única propriedade: a de serem produtos do trabalho". O capitalismo, em sua totalidade – produção, distribuição, troca, consumo –, tem em seu ponto inicial, um artífice, um trabalhador, um operário. A sociedade da mercadoria não existe sem a sociedade do trabalho e esta não existe sem os trabalhadores. O trabalho é o epicentro de uma grande engrenagem que tudo faz funcionar e são os trabalhadores que põem esse sistema em funcionamento. Logo, o trabalho é a chave metodológica da leitura, em Marx, do modo de produção capitalista.

O trabalho, porém, carrega uma contradição. Em que pese ser a fonte de toda a riqueza, não é valorizado. É no trabalho que se encontra o "segredo" que permite o capitalista lucrar para além do que efetivamente vale o preço da mercadoria. Isso porque é pelo trabalho que se produz mais-valor. É no roubo do tempo de trabalho subtraído do trabalhador que o capitalista embolsa o seu lucro. Há, ainda, outra contradição constitutiva do trabalho no modo produtivo capitalista denunciado por Marx: a de que, no lugar de potência enriquecedora, experiência humana da manifestação criadora, se torna o lugar de alienação, subjugação, subordinação, assujeitamento e anulação da subjetividade. Mas note-se que o trabalho também produz relações sociais e, mais significativo, constitui classes sociais. Afirma Marx (2017b, v. I, p. 786):

> É preciso que duas espécies bem diferentes de possuidores de mercadorias se defrontem e estabeleçam contato; de um lado, possuidores de dinheiro, meios de produção e meios de subsistência, que buscam valorizar a quantia de valor de que dispõe por meio da compra de força de trabalho alheia; do outro, trabalhadores livres, vendedores da própria força de trabalho e, por conseguinte, vendedores de trabalho. [...] O processo que cria a relação capitalista não pode ser senão o processo de separação entre o trabalhador e a propriedade das condições de realização do seu trabalho, processo que, por um lado, transforma em capital os meios sociais de subsistência e de produção e, por outro, os trabalhadores diretos em trabalhadores assalariados.

Logo, em Marx, o trabalho abre a possibilidade de que, adquirindo consciência histórica de sua condição assalariada, os trabalhadores possam se organizar como classe e entrar em conflito com os interesses do capital. O trabalho, portanto, encontra-se no cerne da dialética metodológica marxiana, porque, revelador de contradições irreconciliáveis, anuncia-se como potência transformadora.

## Marx e a sua contribuição para a compreensão da atual sociedade do trabalho

É recorrente o debate sobre a atualidade de Marx. Conduzido, na maioria das vezes, de modo equivocado, é polarizado entre aqueles que endeusam Marx e os que o detratam. Trata-se de um debate viciado, contaminado por posições ideológicas. Como destaca Michael Heinrich, um dos maiores especialistas na obra de Karl Marx,

> marxistas apresentaram um Marx que, como pessoa, é quase perfeito e cujas teorias são completas e resolvem todos os nossos problemas. Por outro lado, antimarxistas apresentam Marx como uma pessoa com grandes debilidades pessoais e cujas teorias são incompletas, equivocadas ou limitadas ao século XIX. (Heinrich, 2018b, p. 29-30)

Não se trata nem de uma coisa nem de outra. O maior equívoco na leitura de Marx e "que talvez tenha sido o maior problema com muitos 'marxismos' é que eles transformaram o pensamento de Marx em uma espécie de visão de mundo, uma espécie de sistema fechado, que reivindicava dar respostas a todas as questões possíveis" (Heinrich, 2018b, p. 31). É bom lembrar que o próprio Marx afirmou: "tudo o que sei é que não sou marxista",[65] numa alusão crítica àqueles que diziam ser os seus seguidores, mas que deturpavam as suas ideias.

Recentemente, novas descobertas vêm sendo realizadas sobre os escritos de Marx que descortinam um autor transbordante em sua heterodoxia, como destaca Marcello Musto (2018, p. 10):

> Com base nas novas aquisições textuais da MEGA,[66] pode-se afirmar que, entre os clássicos do pensamento político e filosófico, Marx é o autor cujo perfil sofreu mais modificações no decorrer dos últimos anos. E após a implosão da União Soviética, o cenário político também contribui para renovar a percepção a respeito dele. Com o fim do marxismo-leninismo, ele foi libertado, de fato, das correntes de uma ideologia infinitamente distante de sua concepção de sociedade.

Este talvez tenha sido um dos maiores problemas para o conhecimento da obra de Marx, a sua apropriação ideológica por interesses escusos ao que o próprio Marx defendeu. Lukács (1987, p. 102) comenta que

> na medida em que se reforçou e se enrijeceu a dominação intelectual de Stalin, no culto à personalidade, a pesquisa marxista degenerou [...]. Inicialmente, Marx e Engels foram relegados cada vez mais fortemente a segundo plano em relação a Lenin, e depois Lenin em relação a Stalin.

Os equívocos, enquadramentos forçados e unilateralidades na interpretação de sua obra não foram suficientes, entretanto, para represar a força autônoma do seu pensamento. Nessa perspectiva, há certa unanimidade entre os estudiosos da obra de Marx de que ele continua sendo uma fonte inesgotável para se compreender a sociedade

---

[65] Essa afirmação encontra-se em carta de Engels a Eduard Bernstein. Cf. Musto (2018, p. 119, nota de rodapé n. 85).

[66] MEGA é a sigla em alemão para *Marx-Engels-Gesamtausgabe* e refere-se ao trabalho em andamento da publicação das obras completas de Marx e Engels sob responsabilidade da Academia das Ciências de Berlim, a *Berlin-Brandenburgische Akademie der Wissenschaften*.

em que vivemos. Curiosamente, algo que salta aos olhos para quem lê Marx hoje é que uma de suas contribuições mais importantes continua sendo a mesma do século XIX, a contundente crítica ao capitalismo como um sistema violento, que produz iniquidade, desigualdade e sofrimento. Um sistema intrinsecamente excludente. A contribuição original de Marx deve-se ao fato de que foi o primeiro a dissecar as entranhas desse sistema e revelar os seus mecanismos de funcionamento e exploração. Nisso reside a atualidade de sua análise, como afirma Löwy (2018, p. 34):

> Os dois aspectos decisivos desta atualidade são: 1) a análise científica do funcionamento do capitalismo e sua crítica feroz, como sistema intrinsecamente perverso, baseado na violência, na opressão e na exploração da maioria da população; 2) a proposta de uma alternativa radical ao capitalismo, uma sociedade sem classes e sem opressão, igualitária, libertária e democrática: o comunismo.

Algo similar afirma Carcanholo (2018, p. 43), para quem Marx "ainda é o pensador que melhor conseguiu apreender essas determinações do capitalismo. Sua obra, especialmente *O capital*, é até hoje a melhor apresentação teórica de uma época social que vivemos até os dias atuais".

Outra contribuição original de Marx à época em que escreve, e que vale para hoje, é a sua percepção da democracia liberal como farsa, como descreve Heinrich (2018b, p. 31):

> Os pensadores burgueses acreditavam que se alcançava a emancipação com a abolição das regulamentações feudais, com mercados livres e eleições livres. Entretanto, Marx percebe muito claramente que sob essas condições as pessoas não controlam realmente as estruturas econômicas e políticas de sua vida. Marx exige uma forma mais completa de emancipação, onde as pessoas realmente controlem as estruturas sociais que produzem. Essa questão de como podemos controlar e regulamentar os processos sociais e econômicos produzidos por nós mesmos ainda é atual.

Nesse sentido, a sua conceituação de infraestrutura e superestrutura é notável, ao identificar que, efetivamente, é a infraestrutura que define a superestrutura, e o campo das instituições jurídicas e políticas, assim, assumem papel ideológico. Porém, provavelmente a contribuição mais destacada de Marx, e que o mantém vivíssimo, é a sua metodologia de análise social. Metodologia que construiu ao longo de toda uma vida de estudos e por meio da qual se valeu das mais variadas ferramentas do conhecimento social, que vão do direito à economia, passando pela filosofia.

> A principal potencialidade e a grande atualidade de Marx está na abordagem metodológica. Em particular, em relação a dois aspectos. O primeiro deriva da constatação de que, no centro da análise marxiana, está o 'sujeito humano'. A análise de Marx (mas não em todo o marxismo) é uma análise 'humanista' [...] O segundo elemento de potência da análise marxiana está em reconhecer que toda análise social e econômica é sempre uma análise a definir e, portanto, dinâmica, resultado de um processo dialético em constante metamorfose. A abordagem historicista nos diz que a compreensão de uma dinâmica social só pode ser válida dentro de um contexto histórico e/ou espacial bem definido e delineado [...] Não existem leis imanentes na Economia Política. (Fumagalli, 2018, p. 65)

É a partir da metodologia marxiana que o tema do trabalho, quando lido com a devida hermenêutica, ganha relevo para os dias de hoje. Marx viveu e acompanhou o auge da segunda revolução industrial,[67] época em que o modo produtivo capitalista adquire musculatura. A sua interpretação desse modo produtivo foi incomparável e revelou com agudeza como se processam as entranhas de funcionamento desse sistema. A sua teoria do valor, associada à teoria do valor-trabalho, das quais deriva o conceito de mais-valor, são originalíssimas na Economia Política da época e revelam a essência do que, efetivamente, determina o valor da mercadoria, ou seja, a subtração do valor do trabalho. É no trabalho, portanto, que se encontra o segredo que

[67] Considera-se o seu início a partir de meados do século XIX, quando do desenvolvimento de novas tecnologias, como a produção de energia elétrica, a ampliação do uso do processamento do aço, a descoberta do motor à combustão, a ampliação do uso da química na indústria e agricultura, as inovações no desenvolvimento de tecnologias de comunicação, entre outras.

permite ao capitalista lucrar para além do que efetivamente vale a mercadoria. Valor esse que não é restituído sequer parcialmente ao trabalhador, uma vez que o salário que recebe é o mínimo para a sua subsistência. Aqui, Marx retira o véu daquilo que estava encoberto, e nisso foi original. Em contrapartida, torna pública outra contradição constitutiva do trabalho no modo produtivo capitalista: a de que, no lugar de potência enriquecedora, experiência humana da manifestação criadora, o trabalho se torna o lugar de alienação e subjugação, anulação da subjetividade. Marx chegou a essas conclusões e vaticinou que os interesses do capital e do trabalho são irreconciliáveis. Pode ser que não tenha sido o primeiro a dizê-lo, mas a forma ao dizê-lo, traduzindo essa irreconciliabilidade em sua manifestação política, a luta de classes, atraiu para si a ira do capital. Porém, forneceu arsenal teórico para a organização dos trabalhadores.

O que Marx nos ensina, portanto, e isso é o mais importante para a análise da realidade do mundo do trabalho hoje, é o fato de que o capital, adquirindo novas forças produtivas, altera o modo de produção e as relações sociais. Lembremos que o autor d'*O capital* foi um dedicado estudioso da evolução das forças produtivas do seu tempo. O seu objetivo, ao estudar as novas máquinas-ferramentas de sua época, era compreender a mudança de base material do capitalismo. O seu interesse era decifrar a lógica das forças produtivas na dinâmica da luta de classes. Como já vimos em sua obra *A miséria da filosofia*, essa linha de raciocínio é expressa ao demonstrar que as relações sociais estão atreladas às forças produtivas.

Marx revela que a evolução dos meios técnicos – a maquinaria – impacta o modo produtivo, revoluciona a forma de produzir, radicaliza a divisão do trabalho, oriunda da manufatura, e reorganiza o conjunto da sociedade capitalista. Para além da consequência objetiva (produção de mercadorias), incorre em uma alteração subjetiva (produção de relações sociais). É célebre, como já o dissemos, a citação sua e de Engels no *Manifesto comunista*:

A burguesia não pode existir sem revolucionar incessantemente os instrumentos de produção, por conseguinte, as relações de produção, e com isso, todas as relações sociais. [...] Dissolvem-se todas as relações sociais antigas e cristalizadas, com seu cortejo de concepções e de ideias secularmente veneradas [...] Tudo o que era sólido e estável se desmancha no ar [...] Os homens são obrigados finalmente a encarar sem ilusões a sua posição social e as suas relações com outros homens. (Marx e Engels, 2010, p. 43)

Essa digressão é para destacar que, se queremos nos dar conta do que está acontecendo na sociedade do trabalho hoje, faz-se necessário ir a fundo no estudo, na compreensão, na análise e investigação do lugar transformador e disruptivo do desenvolvimento das forças produtivas, particularmente da terceira e da quarta revoluções industriais.[68] Estamos num processo similar ao que Marx acompanhou. Quando Marx estudou o trabalho industrial e a produção capitalista

eles representavam apenas uma parte da economia inglesa, uma parte menor das economias alemã e de outros países europeus e apenas uma fração infinitesimal da economia global. Em termos quantitativos, a agricultura certamente ainda era dominante, mas Marx identificava no

---

68 A terceira revolução industrial, também denominada de revolução informacional ou revolução tecnológica, tem o seu início a partir dos anos 1970. Surge da contracultura dos *campi* de universidades americanas, do desenvolvimento do parque industrial da Universidade Stanford e do Vale do Silício na Califórnia (EUA). Segundo Castells (1999), essa revolução reúne as seguintes características: 1) tecnologias que agem sobre a informação e não apenas informações para agir sobre a tecnologia, como foi o caso das revoluções tecnológicas anteriores; 2) penetrabilidade dos efeitos das novas tecnologias – o novo meio tecnológico incide na existência individual e coletiva das pessoas; 3) a lógica das redes – a possibilidade de estruturar o não estruturado, de criar interação; 4) a flexibilidade – as novas tecnologias permitirão a reestruturação das organizações sociais; 5) convergência das tecnologias para um sistema altamente integrado. Empresas tornam-se uma só: eletrônica/telecomunicações/engenharia genética. A quarta revolução industrial, também denominada de revolução 4.0, é uma revolução do século XXI e distingue-se das anteriores pela capacidade de estabelecer a fusão de tecnologias e a interação entre os domínios físicos, digitais e biológicos. Entre as principais inovações em curso, encontram-se: inteligência artificial, robótica, internet das coisas, veículos autônomos, impressão em 3D, ampliação de pesquisas nas áreas de nanotecnologia e biotecnologia.

capital e no trabalho industrial uma tendência que funcionaria como motor de futuras transformações. (Hardt e Negri, 2005, p. 190)

É isso que é preciso perceber. Assim como a revolução industrial deixou para trás o mundo agrário-rural, a revolução tecnológica em curso está desorganizando radicalmente a sociedade que conhecemos, particularmente no mundo do trabalho. Caminhamos aceleradamente para o esgotamento da sociedade industrial-salarial descrita por Marx. O que hoje é hegemônico será visto amanhã apenas como vestígio. Logo, e esse é o principal ensinamento de Marx, é preciso estudar, conhecer e interpretar o que a evolução das forças produtivas está alterando. Marx é útil, portanto, se for reinterpretado por meio do seu método. Uma simples transposição literal de seu referencial categorial analítico para olhar a realidade do trabalho hoje não ajuda, ao contrário, dá origem a conclusões equivocadas. Para dar um exemplo, a categoria mais-valor, central na teoria do valor de Marx, precisa ser relida e atualizada a partir das mudanças que hoje se processam no modo produtivo capitalista. Os parâmetros dessa teoria se complexificaram. Segundo Marx, o que determina o valor de uma mercadoria é a quantidade de trabalho despendido para produzi-la, mais especificamente, a média do tempo utilizado de acordo com o grau de desenvolvimento das forças produtivas. Hoje, o tempo de trabalho já não é, necessariamente, a única medida de valor, uma vez que o elemento decisivo na teoria do valor está, sobretudo, no conhecimento, um recurso imaterial que é determinante para os ganhos excedentes do capital. Sob a hegemonia do trabalho imaterial, "a exploração já não é primordialmente a expropriação do valor medida pelo tempo de trabalho individual ou coletivo, e sim a captura do valor que é produzido pelo trabalho cooperativo e que se torna cada vez mais comum através de sua circulação nas redes sociais" (Hardt e Negri, 2005, p. 156).

A economia do imaterial apresenta transtornos importantes para o sistema econômico: "[...] ela indica que o conhecimento se tornou a principal força produtiva, e que, consequentemente, os produtos da atividade social não são mais, principalmente, produtos do trabalho cristalizado, mas sim do conhecimento cristalizado" (Gorz, 2005, p. 29).

Acompanhando, ainda, o método marxiano de análise social, faz-se necessário perceber que, hoje, os ganhos de produtividade do novo patamar de acumulação do capital, proporcionados pela evolução produtiva, estão sendo quase integralmente absorvidos pelo capital financeiro. Isso já acontecia à época de Marx, que abordou essa temática em suas reflexões, entretanto, esse aumento hoje é exponencial quando comparado à sua época. Portanto, as revoluções produtivas em curso indicam uma ruptura com o período industrial anterior, que distribuía os ganhos de produtividade por meio do assalariamento. Agora, o capital produtivo, desimpedido de gerar empregos, transfere os seus ganhos ao mercado financeiro sem nenhuma mediação com a sociedade. Basta observar os milhares de empregos ceifados na indústria e substituídos pelas novas máquinas-ferramentas informacionais. A força desmedida do capital financeiro, em contrapartida, tomou as rédeas do controle político-estatal e imprimiu a ele uma dinâmica de destruição dos direitos do trabalho que nos empurra aos primórdios do capitalismo, quando analisado por Marx. Assistimos a uma ofensiva do capital frente ao trabalho que se manifesta por meio da alteração das normas que se ajustam às condições do mercado: contrato de trabalho, remuneração e jornada de trabalho. Simultaneamente, vemos o crescimento da ideologia do empreendedorismo no qual a uberização[69] do trabalho vai se tornando a nova lógica cuja regra é a ausência de regras. Marx, hoje, talvez ficasse impressionado

---

[69] Conceito que denota a veloz tendência das novas modalidades e condições de trabalho oriundas das inovações tecnológicas, transformadas em aplicativos que possibilitam a prestação de serviços por meio da interação entre o digital, o físico e o biológico. A condição de trabalho na uberização é caracterizada pela ausência de regulação. É intrínseco ao modelo a não vinculação com direitos trabalhistas tal e qual se conheciam na sociedade industrial fordista. Comumente, associa-se uberização ao conceito de precarização que manifesta, além da ausência de direitos regulados, baixa remuneração e extensas jornadas de trabalho.

(talvez não) com a degradação da realidade do trabalho que se aproxima ao da época em que viveu.

Há outro tema para o qual Marx não atentou: os impactos destrutivos do capitalismo junto ao meio ambiente. Há autores que procuram vislumbrar um Marx ecológico. É evidente que Marx tinha clara percepção da destruição ambiental promovida pelo capital produtivo. Considerar, entretanto, que nas obras de Marx encontra-se a preocupação com a questão ambiental é forçar a barra, como alerta Alves (2018, p. 41):

> É preciso lembrar que o marxismo já nasceu desatualizado no que se refere à relação entre a humanidade e a natureza. O modelo marxista, ao dar ênfase ao conflito capital *versus* trabalho, deixou em segundo plano o conflito entre as demandas do ser humano e os direitos da natureza. Evidentemente, Marx escreveu sobre a degradação do meio ambiente em várias ocasiões. Todavia, secundarizou o conflito ecológico, considerando que, no comunismo, não haveria grandes contradições entre homem-natureza-demais espécies.

Nessa perspectiva, os escritos de Marx estiveram muito próximos ao liberalismo de sua época. Para ambas as perspectivas, o desenvolvimento das forças produtivas era inexorável e necessário. Para Marx porque era a ponta de lança que desembocaria na consciência de classe e, para o liberalismo, porque era a condição necessária para aumentar os ganhos.

Finalizando, a lição maior de Marx para a compreensão da sociedade do trabalho de hoje reside no seu método, e isso significa dissecar as entranhas do novo momento histórico do capitalismo para indicar aos subordinados chaves de leitura que indiquem a resistência e a luta por dignidade.

# O trabalho em Durkheim

## A QUESTÃO DE FUNDO DA SOCIOLOGIA DURKHEIMIANA

A questão central da sociologia durkheimiana é o enigma proposto pela modernidade: como viver coletivamente em uma sociedade cada vez mais industrializada, urbana, laica e diversa, na qual a autonomia, a liberdade que cada um tem para expressar a sua exterioridade a partir de sua individualidade, sem necessidade de partilhar os mesmos valores, é um imperativo? Essa questão é destacada no prefácio de sua tese de doutorado *Da divisão do trabalho social* (1893): "Como é que, ao mesmo passo que se torna mais autônomo, o indivíduo depende mais intimamente da sociedade? Como pode ser, ao mesmo tempo, mais pessoal e mais solidário? [...] É este o problema que nos colocamos" (Durkheim, 2019, p. L). Logo, o problema central de Durkheim é como a sociedade moderna cria as bases para a coesão social sem correr o risco de descarrilar em rupturas. Essa é a preocupação que persegue o sociólogo francês: criar as bases mínimas de constituição de uma solidariedade social que sejam fortes o suficiente para superar a anomia. Durkheim (2019, p. XLVI) está olhando para a sociedade industrial e o turbilhão que provoca e, atento a isso, destaca que "as sociedades se transformam e os problemas práticos mais graves que temos de resolver consistem precisamente em determiná-los de novo em função das mudanças que se realizaram em nosso meio".

É importante registrar que o autor vê a sociologia como uma ciência de caráter profilático, ou seja, ela tem a função de contribuir para o bom funcionamento da sociedade.[1] Lembremos que o sociólogo francês elevou a sociologia ao *status* de ciência, e considera que, para além da interpretação social, deve contribuir para resolver os problemas que identifica. No prefácio à publicação de *Da divisão do trabalho social* (2019, p. XLV) afirma: "Estudar a realidade não resulta que renunciemos a melhorá-la. [...] Se separamos com cuidado os problemas teóricos dos problemas práticos, não é por desprezar estes últimos; ao contrário, é para colocarmos em condição de melhor resolvê-los". Esse pressuposto é importante para a compreensão da obra de Durkheim. Longe de ser um pensador diletante, tinha a pretensão de colaborar para a resolução dos problemas da sociedade que analisava. Mais do que isso, via-se na tarefa de constituir uma *ciência moral*, não na perspectiva de estabelecer regras de conduta, mas como um possível método de compreensão dos valores morais que sustentam a convivência em uma sociedade complexa como a sociedade moderna (Weiss, 2010). Nas palavras de Durkheim (2019, p. XLIII), "tratar os fatos da vida moral a partir do método das ciências positivas [...] Não queremos tirar a moral da ciência, mas fazer a ciência da moral, o que é muito diferente".

É nesse contexto do seu projeto teórico que entra a categoria trabalho. E, desde já, registre-se que essa categoria, embora não seja central como em Marx, ocupa lugar da maior importância em sua obra. Mais conhecido, ao menos nas ciências sociais, pelo seu método de

[1] Steven Lukes afirma que a função do sociólogo em Durkheim fundamenta-se "essencialmente em duas exigências: a da objetividade no trabalho científico e a da utilidade pública que os resultados desse trabalho devem ter". Cf. Lukes, 2005, p. 102.

interpretação social,[2] o trabalho na obra do pensador francês é muitas vezes obnubilado e não recebe o destaque que merece. O trabalho, particularmente, a divisão do trabalho,[3] na hipótese durkheimiana, fornece as bases para a solidariedade e a coesão social numa sociedade urbana, industrializada e tensionada pelo crescente adensamento populacional. Segundo Durkheim (2019, p. 4), "a divisão do trabalho [...] é e se torna cada vez mais uma das bases fundamentais da ordem social". Ele reconhece o conflito como constitutivo da sociedade, mas não aposta nele na resolução das tensões, como Marx apostou. A preocupação de Durkheim é reduzir os conflitos a condições aceitáveis.

## O contexto do mundo do trabalho à época de Durkheim

Émile Durkheim (1858-1917) viveu de meados do século XIX até o primeiro quarto do século XX, período, na Europa, de consolidação da revolução industrial, acelerada urbanização e ascenso das lutas operárias. Por um lado, uma vigorosa burguesia industrial e financeira se firmava; por outro, milhares de trabalhadores viviam às margens dos

---

[2] No método durkheimiano, a primeira regra da sociologia e a mais fundamental é considerar os "fatos sociais" como coisas, e interpretá-los utilizando-se da metodologia aplicada pelas ciências naturais (Física, Química, Biologia). Nesse caso, o método consiste na separação entre o sujeito e o objeto. Logo, a realidade (objeto) deve se impor ao sujeito (pesquisador) e revelar a essência do que se observa.

[3] Desde logo é preciso ficar claro o que Durkheim compreende por "divisão do trabalho". Não se trata da divisão do trabalho no processo de produção, na perspectiva fabril, como sugeriam Adam Smith e sobretudo Marx. Em Durkheim, o conceito "divisão do trabalho social" diz respeito não apenas ao mundo da economia, como o próprio afirma (Durkheim, 2019, p. 2), mas à crescente especialização de diferentes segmentos sociais; incorpora aqui as diferentes áreas sociais para além da economia, como as instituições políticas, administrativas, as áreas da saúde, educação, a cultura. Cada uma dessas áreas assume vida própria e, em contrapartida, interagem. Durkheim remete costumeiramente a divisão do trabalho ao funcionamento do corpo humano com seus diferentes sistemas em que as partes dão vida ao todo e o todo depende do bom funcionamento das partes.

ganhos crescentes do capital. Sempre é bom ter presente, quando se fala do contexto sociopolítico e econômico da França, particularmente, do século XIX, que este sucede o século do acontecimento maior da história política francesa, a Revolução Francesa (1789).[4] Esse evento estabelece uma profunda clivagem no país que se fará sentir por tudo o que virá pela frente. No mesmo século XIX, há outros acontecimentos de caráter insurrecional que abalam as estruturas da França: a revolução de julho, em 1830,[5] a revolução de 1848[6] e a Comuna de Paris, em 1871.[7] São acontecimentos de grande intensidade que mergulham o país em incertezas e tensões sociais e põem em relevo a questão social (Castel,

---

[4] Um dos maiores eventos históricos mundiais (1789-1799) que revolucionou completamente a França e repercutiu intensamente em todo o mundo. Caracteriza-se como revolução pelo seu caráter insurrecional e de massas que resultou na queda do regime monárquico, simbolizado na decapitação do rei Luís XVI. Foi uma revolução que juntou a ascendente burguesia, os camponeses e trabalhadores urbanos contra a nobreza e a Igreja. Vitoriosa, inaugurou a República a partir dos princípios de liberdade, igualdade e fraternidade.

[5] Movimento liderado pela burguesia liberal francesa que culminou na deposição de Carlos X (1757-1836). Três dias – 27, 28 e 29 de julho – de levantes contra as decisões despóticas do rei francês cuja irrupção se deu a partir da dissolução da Câmara dos Deputados. Esse evento ficou imortalizado num quadro pintado por Delacroix (1798-1863), intitulado "A liberdade guiando o povo", no qual se vê uma mulher de peito nu empunhando a bandeira tricolor e liderando o povo nas ruas.

[6] Período de intensa agitação política que eclodiu na França e se esparramou em quase toda a Europa. Duas forças políticas se destacaram: a burguesia, que exigia maior representação política frente a regimes aristocráticos, e os movimentos de trabalhadores, que viam a possibilidade de desencadearem revoluções de caráter socialista.

[7] A Comuna de Paris é reconhecida como a primeira experiência de um governo operário. Emerge no contexto da invasão prussiana do território francês, em que a população, não aceitando a capitulação posta em negociação pelo parlamento conservador, insurgiu-se e depôs todos os poderes constituídos, estabelecendo um governo revolucionário, formado por uma federação de representantes de bairro e uma guarda nacional de defesa composta por cidadãos comuns. No curto período em que resistiu, 72 dias, instituiu uma série de medidas, como abolição da polícia, redução da jornada de trabalho, transformação de oficinas em cooperativas, igualdade entre os sexos, separação entre o Estado e a Igreja, entre outras.

1995). Um breve exemplo é a literatura socialista desse período, que encontrava terreno fértil no território francês. Émile Zola (1840-1902), contemporâneo de Durkheim, fazia sucesso com o seu livro *Germinal* (1885),[8] descrevendo as condições aviltantes de vida dos mineiros, condição que em muito retratava parte considerável das condições de vida do operariado francês. Löwy (1987, p. 28) afirma, por sua vez, que, à época de Durkheim, desenvolvia-se na França um sindicalismo revolucionário. Algo também realçado por Tiryakian (2005), ao destacar a intensa agitação dos trabalhadores fabris, particularmente o anarquismo, que exercia forte influência sobre o movimento operário. Não é gratuito que, em mais de uma vez, Durkheim (2019, p. XXII) faça referências ao anarquismo como deletério ao equilíbrio social: "A anarquia é dolorosa [...] Não é bom para o homem viver assim em pé de guerra em meio a seus companheiros imediatos". Filloux (2010) comenta que a Comuna de Paris marcou fortemente o jovem Durkheim por causa da violência social, e que ele manifestou que, se um dia pudesse lecionar, a sua missão seria a de ajudar a superar os conflitos e permitir que as pessoas pudessem viver do que chamou de "bem por excelência".

No período da terceira república francesa (1870-1940),[9] época em que Durkheim viveu, persistiam, portanto, as tensões de uma sociedade em processo de acelerada transição de uma estrutura socioeconômica rural para urbana. Não ocorre por acaso a emergência do tema da comunidade *versus* sociedade, traduzido em Durkheim por solidariedade mecânica *versus* solidariedade orgânica. Essa discussão de como lidar com a nova condição de sociedade industrial, que denomina de sociedade da solidariedade orgânica, é o tema central de sua tese de doutorado *Da divisão do trabalho social*. Durkheim, portanto, é um autor de sua

[8] Para escrever *Germinal*, o autor passou dois meses trabalhando como mineiro na extração de carvão.

[9] Período de razoável estabilidade política (quando comparado aos períodos anteriores), que durou setenta anos e deu fôlego ao crescimento econômico da França e ao fortalecimento das instituições republicanas.

época, envolvido com os problemas do seu tempo, particularmente da França, intervindo nessa realidade e nessa conjuntura, como demonstra o emblemático caso Dreyfus,[10] que dividiu o país. Ao mesmo tempo em que se trata de um autor datado, como todo autor, Durkheim tornou-se importante para as ciências sociais,[11] assim como Marx e Weber, porque o conjunto de sua obra apresenta contribuições teórico-metodológicas de análise social ao procurar desvendar as características que marcam,[12] decisivamente, o surgimento da modernidade. Particularmente no tema do trabalho, Durkheim é ainda atual, porque a sua abordagem da divisão do trabalho permite, com a devida hermenêutica, não apenas chaves de leitura para a compreensão da sociedade do trabalho dos tempos atuais, como também nos desafia a pensar o lugar que o trabalho ocupa na funcionalidade econômica e nas relações sociais.

## Influências teóricas no pensamento de Durkheim

Não menos importante que o reconhecimento do contexto sociopolítico e econômico que cercaram Durkheim é o registro de outras correntes de pensamento que também influenciaram a produção teórica do sociólogo. Todo autor recebe influências do que lê e debate e também influencia os que virão pela frente. O conhecimento é recursivo,

---

[10] Uma boa descrição do que se trata o caso Dreyfus pode ser lida no artigo *A redescoberta de um sociólogo: considerações sobre a correspondência de Émile Durkheim a Salomon Reinach*, de Raquel Andrade Weiss e Rafael Faraco Benthien, publicado pela *Revista Novos Estudos*/Cebrap, São Paulo, n. 94, nov. 2012.

[11] Uma descrição da trajetória acadêmica de Durkheim pode ser lida no artigo *100 anos sem Durkheim. 100 anos com Durkheim*, de Raquel Weiss e Rafael Faraco Benthien, publicada pela *Revista Sociologias*, v. 19, n. 44, Porto Alegre, jan./abr. 2017.

[12] Associa-se a Durkheim o método funcionalista de interpretação social. O método parte do princípio de que as instituições exercem funções especializadas que são essenciais para o bom funcionamento do todo; caso as partes não funcionem bem, criam-se disfuncionalidades para o conjunto. É comum a analogia desse sistema ao funcionamento do corpo humano, recurso (originário de Spencer e Saint-Simon) largamente utilizado por Durkheim, em que as partes possibilitam a harmonia do todo e o todo depende da eficiência das partes. Nesse método, a sociedade é superior ao indivíduo e portanto o condiciona.

renova-se permanentemente. Em *Da divisão do trabalho social* percebe-se um grande número de autores citados por Durkheim. Muitos de seus conceitos foram tomados de outros autores e readequados à sua leitura. A produção intelectual nunca é solitária e ensimesmada, ela sempre dialoga com outros pensamentos. Com Durkheim não foi diferente. Entre as influências mais importantes para a compreensão do pensamento do autor se destacam três correntes: o positivismo,[13] o evolucionismo[14] e o conservadorismo[15] (Sell, 2002). Isso não significa que Durkheim tenha esposado essas correntes como orientadoras do seu pensamento, porém autores a elas relacionados foram presença constante nas suas leituras, alguns deles, inclusive, conheceu pessoalmente. Em contrapartida, limitar a formação intelectual de Durkheim a essas correntes seria um reducionismo, uma vez que o sociólogo interagiu com várias escolas de pensamento (Vares, 2016).[16] Particularmente, o

---

[13] O positivismo tem como referência maior Augusto Comte (1798-1857), ao preconizar um método de interpretação social que se utilize da mesma lógica utilizada pelas ciências positivas em sua análise dos fenômenos naturais. Outros autores, entretanto, são importantes nas premissas desse pensamento, particularmente Condorcet (1743-1794), ao falar da inevitabilidade do progresso e do racionalismo, e Saint-Simon (1760-1825) e o seu "sistema industrial".

[14] O evolucionismo é resultante da aplicação da tese da evolução das espécies de Charles Darwin (1809-1882) para a interpretação da sociedade. Um dos principais expoentes dessa corrente é Herbert Spencer (1820-1903), muito citado por Durkheim em *Da divisão do trabalho social.*

[15] A ideia central presente nessa corrente de pensamento sugere que rupturas são prejudiciais à normalização, conservação e evolução da vida social. Não por acaso, um dos principais expoentes desse pensamento é Edmund Burke (1729-1797), um contundente crítico da Revolução Francesa. Burke considera que a destruição das instituições é deletéria para o bom funcionamento da sociedade. Em sua opinião, um contrato social equilibrado é resultante de instituições sólidas, e para o qual a Igreja e o Estado desempenham papel importante. Essa tese de crítica a rupturas sociais é percebida em Durkheim, quando aborda o conceito de anomia.

[16] Para uma leitura mais ampla dos autores que influenciaram o pensamento de Durkheim, sugerimos o texto *A sociologia durkheimiana e a tradição conservadora: elementos para uma revisão crítica*, de Sidnei Ferreira de Vares, publicado pela *Revista Brasileira de Ciência Política*, Brasília, n. 20, maio/ago. 2016.

positivismo e o evolucionismo exerceram forte influência na definição do que ficou denominado de *método funcional estruturalista*,[17] que tem em Durkheim um dos seus principais expoentes.

Como estamos, entretanto, abordando o tema do trabalho, interessa-nos buscar autores que o influenciaram sobre esse tema. Um desses autores, de quem tomou emprestado o termo *divisão do trabalho*, foi Saint-Simon.

Saint-Simon, na verdade Claude-Henri Rouvroy (1760-1825), foi um entusiasta da sociedade industrial. Via nesse evento a superação da ordem feudal e seu regime de privilégios para poucos. De acordo com Löwy (1987, p. 21), a teoria social de Saint-Simon "apela abertamente pelo fim do absolutismo e por uma mudança de regime na França [...] e esse combate está indissoluvelmente ligado à luta dos 'produtores' (tanto empresários como operários) contra os parasitas, os 'sanguessugas' clericais-feudais da Restauração". A sociedade industrial para Saint-Simon abre a possibilidade de outra configuração de organização social na qual os méritos de cada um podem ser reconhecidos pelo trabalho. Logo, o trabalho, em sua teoria, posiciona-se como principal fator organizador da sociedade, atividade normativa por excelência. Mais ainda: comporta um caráter ontológico, aquele que dá sentido à vida. Nessa perspectiva, o trabalho se apresenta com uma tripla função, a de *organizador social*, o que dá *sentido para a vida individual e coletiva* e o que permite a *justiça social*. Guyader (2005, p. 138) destaca que, em Saint-Simon, "o trabalho foi promovido como o próprio tema da modernidade, como seu fundamento antropológico e sua atividade normativa. De fato, a modernidade marca o advento do trabalho como

[17] O método parte da premissa de que a sociedade é superior ao indivíduo. Sob a perspectiva epistemológica, a sociedade (objeto) tem precedência sobre o indivíduo (sujeito), ou seja, as estruturas sociais condicionam os indivíduos. Esse método se estabelece a partir de uma compreensão que vê a sociedade como um "organismo vivo", numa clara alusão às ciências naturais, notadamente da biologia, para a qual cada órgão cumpre uma função; o todo predomina sobre as partes e as partes existem em função do todo.

questão ontológica". Saint-Simon foi o primeiro a conceber a sociedade como um *sistema industrial* e, por essa razão, influenciou autores como Proudhon, Comte, Marx e Durkheim.

Vejamos melhor a teoria sansimoniana do *sistema industrial*. Saint-Simon concebia a sociedade como uma totalidade, como um organismo vivo evolutivo, que a cada época em sua evolução estabelecia as condições essenciais para o seu funcionamento. Assim, pode-se depreender que a evolução das forças produtivas e as instituições que cria estão intrinsecamente ligadas às exigências de cada época. O trabalho é a âncora dessa sociedade em evolução e, no sistema industrial, ocupa o lugar reformador da sociedade por excelência. Com Saint-Simon, diz Guyader (2005, p. 138),

> o trabalho não ocupa mais somente uma posição central na antropologia; torna-se simultaneamente a questão exclusiva da modernidade e o motor de uma dialética histórica socialmente acabada. Dito de outro modo, Saint-Simon é o promotor de uma antropologia histórica do trabalho, a partir da qual devem ser compreendidas a dinâmica das sociedades humanas e sua reorganização definitiva.

Logo, é no trabalho, pelo trabalho e através dele que a sociedade pode evoluir para o seu melhor estágio civilizatório. Portanto, em seu "evolucionismo organicista" (Guyader, 2005), o trabalho desempenha, como destacado, não apenas função normativa, mas base de constituição da harmonia social. Há, aqui, uma moral subjacente. O trabalho torna-se um imperativo e toda ociosidade é condenada. Afirma Saint-Simon (*apud* Guyader, 2005, p. 150):

> O homem deve trabalhar. O mais feliz dos homens é o que trabalha. A família mais feliz é aquela na qual todos os seus membros empregam utilmente o seu tempo. A nação mais feliz é aquela na qual há menos desocupados. A humanidade gozaria toda a felicidade que pode pretender se não houvessem ociosos.

A vocação social, portanto vocação coletiva e individual, se encontra no trabalho, e esse deve ser organizado de tal forma que todos dele tirem melhor proveito. Porém, em Saint-Simon, a sua "divisão do trabalho social", para utilizar uma expressão durkheimiana, é subsumida num único coletivo que denomina *industriais*, que reúne todas as categorias profissionais sem distinção de classes sociais e interpela que todos devem se unir em torno de um projeto maior: a harmonia social. Saint-Simon não é, evidentemente, um revolucionário, mas sim um reformador que acredita, ingenuamente, que a motivação que compelirá a todos em cooperar está numa moralidade que retome os princípios do cristianismo primitivo.

Essa breve leitura de Saint-Simon serve-nos para revelar que a estrutura do seu pensamento se faz presente nas elaborações de Durkheim, desde o princípio do evolucionismo organicista, do estruturalismo e do tema da moral. O mais significativo e que certamente influenciou Durkheim, mesmo que não explicitado por este, encontra-se na ideia do trabalho como fator não apenas de funcionalidade social, mas também como portador de uma moral que estabelece ou pode estabelecer vínculos sociais.

## Solidariedade Mecânica *versus* Solidariedade Orgânica e a função da divisão do trabalho

É na sociedade convulsionada por aceleradas transformações próprias da modernidade – industrialização, urbanização, laicização, diversidade, tensões sociais – como destacado anteriormente, que Durkheim se põe a investigar os elementos que estruturalmente possibilitam equilíbrio social. Isso porque o sociólogo francês está preocupado com a fundação de um devir moral para o bom funcionamento social. A sua hipótese é a de que a *divisão do trabalho* é esse fenômeno moral,[18] o fator determinante para a sustentação

[18] É interessante observar que Durkheim, antes mesmo da formulação da hipótese da "divisão do trabalho" como mecanismo de coesão social, já manifesta convicção do seu resultado, como antecipa em vários momentos em *Da divisão do trabalho social*. A simulação da hipótese serve mais para confirmar a sua tese e conformar um método investigativo do que efetivamente lançar dúvidas a serem confirmadas. No caso, a confirmação da hipótese já está de antemão lançada. A investigação é para confirmá-la. Não deixa de ser curioso esse ziguezaguear de Durkheim,

da coesão social: "Somos levados, assim, a nos perguntar se a divisão do trabalho não desempenharia o mesmo papel em grupos mais extensos, se, nas sociedades contemporâneas, em que teve o desenvolvimento que sabemos, ela não teria a função de integrar o corpo social, assegurar sua unidade" (Durkheim, 2019, p. 29). Na sequência, ele antecipa que,

> embora ainda não estejamos em condições de resolver a questão com rigor, podemos porém entrever desde já que, se é esta de fato a função da divisão do trabalho, ela deve ter um caráter moral, porque as necessidades de ordem, de harmonia, de solidariedade social são geralmente tidas como morais. (Durkheim, 2019, p. 30)

A questão que se destaca, então, é como proceder a essa verificação, ou seja, mostrar que a divisão do trabalho carrega em si uma moral que redunda em solidariedade. Diz Durkheim (2019, p. 30):

> É uma verdade evidente, pois a divisão do trabalho é muito desenvolvida nelas [sociedades] e produz a solidariedade. Mas é preciso determinar, sobretudo, em que medida a solidariedade que ela produz contribui para a integração geral da sociedade, pois somente então saberemos até que ponto essa solidariedade é necessária, se é um fator essencial da coesão social, ou então, ao contrário, se nada mais é que uma condição acessória e secundária.

Começa aqui o seu trabalho investigativo ou, de certa forma, de comprovação de que a divisão do trabalho é esse cimento da coesão social na sociedade industrial. Essa tarefa, nada simples, é anunciada por meio de um método de pesquisa:

> A única maneira de chegar a apreciar de maneira objetiva a divisão do trabalho é estudá-la primeiro em si mesma, de uma maneira totalmente especulativa, investigar a que ela serve e de que depende – numa palavra, formar a seu respeito a noção mais adequada possível. Feito isso, estaríamos em condições de compará-la com os outros fenômenos morais e de ver que relações ela mantém com eles. (Durkheim, 2019, p. 8)

---

porque de certa forma atenta contra o seu próprio método de investigação de um "fato social".

O seu objeto de pesquisa, portanto, é a divisão do trabalho. É o fato social a ser observado. Fato social é uma das categorias mais importantes da teoria durkheimiana. O autor a define da seguinte forma: "Fato social é toda maneira de fazer, fixada ou não, suscetível de exercer sobre o indivíduo uma coerção exterior: ou então, que é geral no âmbito de uma dada sociedade, tendo, ao mesmo tempo, uma existência própria, independentemente de suas manifestações individuais" (Durkheim, 2002, p. 40). Segundo Durkheim, agimos de modo condicionado pela sociedade a partir de três características: 1) coercitividade – "fato" imposto pela sociedade, sem o consentimento prévio do indivíduo (influência das instituições); 2) exterioridade – "fato" existente antes do próprio indivíduo (regras, leis, costumes); 3) generalidade – "fato" presente em distintas sociedades, "permanentes". O autor considera a divisão do trabalho um fato social:

> Para saber o que é objetivamente a divisão do trabalho, não basta desenvolver o conteúdo da ideia que dela temos, mas é preciso tratá-la como um fato objetivo, observar, comparar, e veremos que o resultado dessas observações muitas vezes difere daquele que o sentido íntimo nos sugere. (Durkheim, 2019, p. 9)

A forma como estudará o objeto de pesquisa é descrito em *Da divisão do trabalho social* em três partes:

> Procuraremos, primeiro, saber qual a função da divisão do trabalho, isto é, a que necessidade social ela corresponde; determinaremos, em seguida, as causas e as condições de que depende; enfim [...] procuraremos classificar as principais formas anormais que ela apresenta, a fim de evitar que sejam confundidas com outras. (Durkheim, 2019, p. 8-9)

Essas três partes correspondem, grosso modo, aos três livros em *Da divisão do trabalho social.*[19] Posteriormente, em 1901, Durkheim escreve um segundo prefácio à obra no qual comenta que a ideia de escrever um quarto livro a ser incorporado aos três anteriores não foi adiante em função

[19] Costumeiramente, um livro é dividido em capítulos. Em *Da divisão do trabalho social,* de forma pouco usual, o sumário é dividido por "livros", particularmente, livros I, II e III. Os capítulos se distribuem nos respectivos livros.

de "outras ocupações". Nesse prefácio, que acabou substituindo o projeto original do quarto livro, Durkheim aborda o tema dos *agrupamentos profissionais* e seu possível papel na sociedade contemporânea. Retornaremos a esse tema, que se revela da maior importância, porque, nele, Durkheim sugere as corporações, associações profissionais de estilo cooperativo, como o potencial modelo de organização social, econômica e política.

Retornemos agora à demonstração, segundo o autor, de como a divisão do trabalho pode, então, constituir na sociedade moderna a fagulha do fenômeno moral que origina solidariedade e coesão social. Nessa tarefa descritiva, Durkheim (2019, p. 30-31) vale-se de um recurso comparativo:

> Para responder a essa questão é preciso, portanto, comparar esse vínculo social aos outros, a fim de medir a parte que lhe cabe no efeito total, sendo para isso indispensável começar por classificar as diferentes espécies de solidariedade social.

Temos aqui o anúncio do seu estudo por meio da comparação, relação e problematização de duas sociedades diversas: a da *solidariedade mecânica*, que corresponde à sociedade pré-industrial, e a da *solidariedade orgânica*, que é a correspondente à sociedade industrial. O que Durkheim doravante procurará mostrar é que a cada sociedade corresponde um conjunto de valores, uma moral que cimenta a convivência em comum. A tese em questão é a demonstração de que na sociedade da solidariedade mecânica a moral estava ancorada na *consciência coletiva* e na sociedade da solidariedade orgânica a *divisão do trabalho* é o mecanismo que origina a moral.

A fundamentação da nomenclatura solidariedade mecânica *versus* solidariedade orgânica Durkheim retira de Ferdinand Tönnies (1855 -1936).[20] Tiryakian (2005, p. 219-220) comenta que, em 1889, quatro anos antes da publicação de *Da divisão do trabalho social*,

---

[20] Conceituado sociólogo alemão. Cofundador da Sociedade Alemã de Sociologia (1909) e presidente desta até ser deposto pelo nazismo em 1933. As suas obras principais são: *Gemeinschaft und Gesellschaft* (1887); *Thomas Hobbes Lebenund Lehre* (1896); *Die Sitte* (1909); *Kritik der Öffentlischen Meinung* (1922).

> Durkheim redigiu uma exposição da famosa tese de Ferdinand Tönnies, *Gemeinschaft und Gesellschaft: Abhandlungdes Communismus und des Socialismus al sempirischer Culturformen*.[21] A família é a forma mais perfeita do estado primitivo que constitui a *Gemeinschaft*, ou a comunidade, 'uma unidade absoluta que exclui a distinção das partes'. Durkheim acrescenta: 'é um agrupamento orgânico'. Mais adiante ele precisa: 'enquanto a composição da *Gemeinschaft* era orgânica, a da *Gesellschaft* é mecânica'. Durkheim conserva muitos aspectos da análise da evolução da sociedade de Tönnies: a *Gemeinschaft*, vista como 'comunidade das lembranças e das ocupações' esteve na origem de confrarias e de corporações políticas, econômicas e religiosas. Todos esses agrupamentos, nota Durkheim, não são vontades individuais, sendo sua vida dirigida pelos costumes, os usos e as tradições. A *Gesellschaft* é precedente de um corpo social muito mais volumoso, a saber, principalmente as grandes cidades. Ela é marcada pelo desenvolvimento do individualismo, da era do comércio e da indústria, do mesmo modo que pela extensão do cosmopolitismo. [...] Todavia, Durkheim diverge de Tönnies na interpretação da *Gesellschaft*. Ele inverte os termos 'mecânico' e 'orgânico' qualificando a solidariedade ao recusar aceitar que um desenvolvimento progressivo do individualismo reduza a pó a sociedade contemporânea, que seria então apenas um 'agregado mecânico'. Durkheim termina sua exposição lançando um desafio: mostrar que as grandes aglomerações sociais de sua época têm também uma vida orgânica interna, tão natural quanto aquela das pequenas cidades da infância de Tönnies.

Essa resenha da tese de Tönnies já antecipa os argumentos principais que exporá em *Da divisão do trabalho social*. O roteiro de Durkheim está traçado. A hipótese a ser desenvolvida na tese é a de que a divisão do trabalho fomenta a moral que sustenta a convivência na sociedade da solidariedade orgânica. Inicia, então, o seu percurso demonstrativo das correspondentes solidariedades – mecânica e orgânica – e como elas se desenvolvem. Nessa empreitada de investigação das distintivas formas de solidariedade, nas diferentes sociedades, ele utiliza como referência *o direito*. O direito

[21] Em português: *Comunidade e Sociedade: Estudo do comunismo e do socialismo como formas empíricas de cultura*.

é, ao contrário do que muitos pensam, não a determinação do que acontece na sociedade, mas manifestação do que ela efetivamente expressa. É dessa forma que Durkheim pensa. O direito como racionalização, materialização das relações sociais, codificações de normas morais resultantes e produzidas pela uniformidade de pensamento na vida social. Partindo desse pressuposto, Durkheim identifica dois tipos de direito, o penal e/ou repressivo e o restitutivo. Afirma Durkheim (2019, p. 37):

> Há dois tipos de sanções. Umas consistem essencialmente numa dor, ou, pelo menos, numa diminuição infligida ao agente; elas têm por objeto atingi-lo em sua fortuna, ou sua honra, ou em sua vida, ou em sua liberdade, privá-lo de algo de que desfruta. Diz-se que são repressivas – é o caso do direito penal. [...] Quanto ao outro tipo, ele não implica necessariamente um sofrimento do agente, mas consiste apenas na reparação das coisas, no restabelecimento das relações perturbadas sob sua forma normal, quer o ato indiscriminado seja reconduzido à força ao tipo de que desviou, quer seja anulado, isto é, privado de todo e qualquer valor social.

Na sequência, Durkheim (2019, p. 50) demonstra que o direito penal é aplicado a sociedades onde se desenvolve o que denomina *consciência coletiva*: "o conjunto de crenças e dos sentimentos comuns à média dos membros de uma mesma sociedade forma um sistema determinado que tem vida própria [...] Ela [sociedade] não muda a cada geração, mas liga uma às outras gerações sucessivas". Nessas sociedades de crenças, valores e códigos morais bem definidos, o direito penal tem finalidade repressiva, coercitiva aos que não seguem os padrões consensuados, como destaca o autor:

> O direito penal só edita sanções, mas nada diz das obrigações a que elas se referem. Ele não manda respeitar a vida alheia, mas condenar à morte o assassino. Ele não diz, em primeiro lugar, como se faz o direito civil, 'eis o dever', mas de imediato: 'eis a pena'. Sem dúvida, se a ação é punida, é por ser contrária a uma regra obrigatória; mas essa regra não é expressamente formulada. Só pode haver um motivo para isso: o de que a regra é conhecida e aceita por todos. (Durkheim, 2019, p. 45)

É nas "sociedades inferiores", "segmentadas" ou mesmo "primitivas" que se aplica o direito penal,[22] o direito coercitivo, com uma função manifesta de punição a toda e qualquer ameaça à moral estabelecida no grupo social. Ela presta-se como exemplo a ser observado por todos:

> A pena não serve, ou só serve de maneira muito secundária, para corrigir o culpado ou intimidar seus possíveis imitadores; desse duplo ponto de vista, sua eficácia é justamente duvidosa e, em todo caso, medíocre. Sua verdadeira função é manter intacta a coesão social, mantendo toda a vitalidade da consciência comum. (Durkheim, 2019, p. 81)

Nessas sociedades, o agir, o pensar, a forma de se comportar é homogênea, não permitindo o dissenso. Há códigos morais que integram a coletividade e disso resulta o fato de que "existe uma solidariedade social proveniente do fato de que certo número de estados de consciência é comum a todos os membros da mesma sociedade" (Durkheim, 2019, p. 83). Essa tipificação do direito é específica às sociedades organizadas a partir do que o autor denomina solidariedade mecânica:

> Daí resulta uma solidariedade *sui generis* que, nascida das semelhanças, vincula diretamente o indivíduo à sociedade [...] que propomos de chamá-la de mecânica. Essa solidariedade não consiste apenas num apego geral e indeterminado do indivíduo ao grupo, mas também torna harmônico o detalhe dos movimentos. De fato, como são os membros em toda parte, esses móbiles coletivos produzem em toda parte os mesmos efeitos. Por conseguinte, cada vez que entram em jogo, as vontades se movem espontaneamente e em conjunto no mesmo sentido. (Durkheim, 2019, p. 79)

Logo, nessas sociedades, a solidariedade é dada pela *consciência coletiva comum*.[23] Isso significa que o espaço para exercício da in-

---

[22] Durkheim faz referência aqui a comunidades religiosas descritas no livro bíblico *Pentateuco*, mas também relaciona esses grupos à época da Grécia e Roma antigas, bem como a tribos indígenas.

[23] Steven Lukes (2005, p. 16) alerta que a palavra consciência (*conscience*) no francês é ambígua e incorpora o significado de instância moral. Logo, "as 'crenças e

dividualidade é reduzido e o grupo, o coletivo, predomina sobre o indivíduo. Essa sociedade, portanto, apenas pode prosperar onde o individualismo, a singularidade, a personalidade e a subjetividade não têm espaço, são nulos. Durkheim (2019, p. 106-107) afirma que esta solidariedade

> só pode ser forte na medida em que as ideias e as tendências comuns a todos os membros da sociedade superem em número e intensidade as que pertencem pessoalmente a cada um deles [...] Ora, o que faz nossa personalidade é o que cada um de nós tem de próprio e de característico, o que nos distingue dos outros. Portanto, essa solidariedade só pode crescer na razão inversa da personalidade [...] A solidariedade que deriva das semelhanças se encontra em seu apogeu quando a consciência coletiva recobre exatamente nossa consciência total e coincide em todos os pontos com ela. Mas, nesse momento, nossa individualidade é nula.

O conceito de *mecânica* é explicado da seguinte forma por Durkheim (2019, p. 107):

> Essa palavra não significa que ela [solidariedade] seja produzida por meios mecânicos e de modo artificial. Só a denominamos assim por analogia com a coesão que une entre si os elementos dos corpos brutos, em oposição à que faz unidade dos corpos vivos. O que acaba de justificar essa denominação é que o vínculo que une assim o indivíduo à sociedade é de todo análogo ao que liga a coisa à pessoa. A consciência individual, considerada sob esse aspecto, é uma simples dependência do tipo coletivo e segue todos os seus movimentos, como o objeto possuído segue aqueles que seu proprietário lhe imprime.

Por sua vez, a solidariedade orgânica, própria das sociedades complexas, é exteriorizada pelo direito restitutivo, ou seja, a ideia de que o direito não tem como finalidade imputar necessariamente ao agente, ao infrator, um sofrimento, mas sobretudo reparar os danos conferidos à sociedade. Não se pretende, aqui, como na sociedade anterior, da solidariedade mecânica, penalizar o infrator com a

---

sentimentos' compreendidos na consciência coletiva são, por um lado, morais e religiosos e, por outro, cognitivos".

codificação moral de que sirva de exemplo. O direito na sociedade da solidariedade orgânica expressa o reconhecimento à diversidade de pensamento e de posturas morais distintas. Destaca Durkheim (2019, p. 108):

> Bem diverso é o caso da solidariedade produzida pela divisão do trabalho. Enquanto a precedente implica que os indivíduos se assemelham, esta supõe que eles diferem um dos outros. A primeira só é possível na medida em que a personalidade individual é absorvida na personalidade coletiva; a segunda só é possível se cada um tiver uma esfera de ação própria, por conseguinte, uma personalidade. É necessário, pois, que a consciência coletiva deixe descoberta uma parte da consciência individual, para que nela se estabeleçam essas funções especiais que ela não pode regulamentar; e quanto mais essa região é extensa, mais forte é a coesão que resulta dessa solidariedade. De fato, de um lado, cada um depende tanto mais estreitamente da sociedade quanto mais dividido for o trabalho nela e, de outro, a atividade de cada um é tanto mais pessoal quanto mais for especializada.

O direito, nesse caso, tem muito mais a finalidade de restituir a normalidade da convivência do que a punição, por isso mesmo sua expressão maior não se encontra no direito penal, mas sim em outras formas de direito, como o direito civil, comercial, administrativo e constitucional. Está implícito nessa expressão do direito um caráter cooperativo e não punitivo. A esse respeito, destaca Durkheim (2019, p. 98): "As relações aí regulamentadas são de uma natureza totalmente diferente das precedentes; elas exprimem um concurso positivo, uma cooperação que deriva essencialmente da divisão do trabalho". Uma expressão do direito restitutivo pode ser encontrada no contrato que regulam as relações sociais, como, por exemplo, no trabalho. O contrato, no caso, é expressão de regras que já estão pré-acordadas antes da regulamentação e derivam, sobretudo, do seu caráter moral e não apenas das relações de troca.[24] O que podemos afirmar, a partir de

[24] Durkheim tem aqui uma interpretação distinta dos economistas da Economia Política clássica. Para esses, Smith é uma exceção, os contratos se circunscrevem à esfera econômica subjacente à dinâmica do mercado. Durkheim, por sua vez, vê

Durkheim, é que se a sociedade se resumisse a relações contratuais, tendo como referência o sistema de sanções e punições, teríamos uma sociedade frágil. Portanto, as regras, as normas, as leis, as regulamentações são expressões de acordos que se sustentam em uma base moral. Está implícito nesse raciocínio, paradoxalmente, o fato de que todos aceitam sua função na sociedade não pelo que ditam necessariamente as regras, mas, sobretudo, pelo que não está explicitado nelas, ou seja, a adesão ao regulamento não é resultante de uma coerção, mas sim manifestação de uma deliberação individual. Assim, o direito serve como instrumento não de punição, mas como facilitador da vida em comum que fortalece a coesão social. Vejamos o que diz Durkheim (2019, p. 100):

> De fato, o contrato é, por excelência, a expressão jurídica da cooperação. [...] O compromisso de uma parte resulta ou do compromisso assumido pela outra, ou de um serviço já prestado pela última. Ora, essa reciprocidade só é possível onde há cooperação, e esta, por sua vez, não existe sem a divisão do trabalho. Cooperar, de fato, é dividir a tarefa comum.

Em síntese, "é a divisão do trabalho que, cada vez mais, cumpre o papel exercido outrora pela consciência comum; é principalmente ela que mantém juntos os agregados sociais dos tipos superiores" (Durkheim, 2019, p. 156). Após a descrição da tipificação da solidariedade que cada sociedade produz, Durkheim (2019, p. 216) apresenta a conclusão de sua primeira investigação:

> As seguintes proposições resumem esta primeira parte de nosso trabalho. A vida social deriva de uma dupla fonte: a similitude das consciências e a divisão do trabalho social. O indivíduo é socializado no primeiro caso, porque, não tendo individualidade própria, confunde-se, como seus semelhantes, no seio de um mesmo coletivo; no segundo, porque, tendo uma fisionomia e uma atividade pessoais que o distinguem dos

---

a origem dos contratos para além de uma visão economicista, interpreta que eles contêm uma base moral, exprimem uma base moral. Diz ele: "Eis uma função da divisão do trabalho muito mais importante do que lhe é ordinário reconhecida pelos economistas" (Durkheim, 2019, p. 156).

> outros, depende deles na mesma medida em que se distingue e, por conseguinte, da sociedade que resulta de sua união.

Dirimida a questão de como se produz solidariedade nas distintas sociedades, Émile Durkheim (2019, p. 223), na sequência, coloca-se a tarefa de responder à questão anunciada no início do livro II: "A que causas se devem os progressos da divisão do trabalho?". O interesse aqui reside nas razões que possibilitaram o surgimento da divisão do trabalho na sociedade industrial e, dentro dela, como se desenvolve a produção de solidariedade. Desde logo assume a tese de que

> o aumento da divisão do trabalho se deve [...] ao fato de que os segmentos sociais perdem sua individualidade, que as paredes que os separam se tornam mais permeáveis, numa palavra, que se produz entre eles uma coalescência que torna a matéria social livre para entrar em novas combinações. (Durkheim, 2019, p. 252)

Ele quer dizer que não é da crise da sociedade segmentada que surge a divisão do trabalho, mas sim de um processo evolutivo no qual aos poucos se estabelece "um intercâmbio de movimentos entre partes da massa social que, até então, não se afetavam mutuamente" (Durkheim, 2019, p. 252). É o crescimento de núcleos sociais diferenciados em oposição aos núcleos sociais segmentados que origina a divisão do trabalho. Esta, entretanto, requer condições de *volume*, *densidade material* e *densidade moral* para que se efetive. Vejamos como o autor explicita essas condições:

> A divisão do trabalho progride tanto mais quanto mais houver indivíduos suficientemente em contato para poderem agir e reagir uns em relação aos outros. Se convíermos em chamar de densidade dinâmica ou moral essa aproximação e o intercâmbio ativo que dela resulta, poderemos dizer que os progressos da divisão do trabalho são diretamente proporcionais à densidade moral ou dinâmica da sociedade. (Durkheim, 2019, p. 252)

Durkheim considera que a divisão do trabalho social encontra terreno fértil quando as condições de volume, densidade material e moral se reúnem. Por volume, o autor compreende o crescimento quantitativo de indivíduos, ou seja, a variante demográfica. O volume por si só não é suficiente para produzir divisão do trabalho, mas é determinante: "Não dizemos que o crescimento e o adensamento das sociedades permite, mas requerem uma divisão maior do trabalho. Eles não são um instrumento pelo qual esta se realiza, mas sua causa determinante" (Durkheim, 2019, p. 259). Logo, para que a divisão do trabalho aconteça, o volume social necessita se materializar em densidade material, ou seja, que os indivíduos se concentrem em determinado território e dentro dele estabeleçam relações. Esse processo oportunizará as bases da densidade moral, como atesta Durkheim (2019, p. 253): "Portanto, a densidade moral não pode aumentar sem que a densidade material aumente ao mesmo tempo, e esta pode servir para medir aquela. Aliás, é inútil procurar saber qual das duas determinou a outra; basta constatar que são inseparáveis". Detalhemos melhor essas condições. Por um lado, as sociedades passam por um processo que o autor denomina *volume*, ou seja, o aumento do número de pessoas. O aumento quantitativo da população, entretanto, não é suficiente para produzir uma oposição à segmentação da sociedade anterior. Faz-se necessário que, junto ao volume, tenhamos um processo de sinergia entre densidade material e densidade moral. De acordo com Durkheim, é na densidade moral, traduzida por uma crescente relação de trocas, relações intersociais, que se produz a divisão do trabalho. Durkheim (2019, p. 258) conclui:

> Podemos, pois, formular a seguinte proposição: a divisão do trabalho varia na razão direta do volume e da densidade das sociedades, e, se ela progride de uma maneira contínua no curso do desenvolvimento social, é porque as sociedades se tornam regularmente mais densas e, em geral, mais volumosas.

Há, porém, outro fator importante que se desenvolve internamente a essa sociedade diferenciada, nomeada de orgânica por Durkheim, que engendra solidariedade. Trata-se da especialização. Diz Durkheim (2019, p. 263): "Se o trabalho se divide mais à medida que as sociedades se tornam mais volumosas e mais densas, não é porque, nelas, as circunstâncias externas sejam mais variadas, mas porque a luta pela vida é mais ardente". E ainda: "Todo adensamento da massa social, sobretudo se for acompanhado de um aumento da população, determina necessariamente progressos na divisão do trabalho" (Durkheim, 2019, p. 265). O progresso na divisão do trabalho proporciona a competição entre os indivíduos:

> Não é necessário acrescentar que, se a sociedade conta efetivamente com mais membros e que estes, ao mesmo tempo, são mais próximos uns dos outros, a luta ainda é mais acesa e a especialização que dela resulta mais rápida e completa. (Durkheim, 2019, p. 267)

A competição que está na origem da especialização é salutar para o conjunto da sociedade. Na divisão do trabalho há lugar para todos e,[25] quanto maior for a especialização, menos conflito produz. Diz Durkheim (2019, p. 268):

> A divisão do trabalho é, pois, um resultado da luta pela vida, mas é um seu desenlace atenuado. De fato, graças a ela, os rivais não são obrigados a se eliminarem mutuamente, mas podem coexistir uns ao lado dos outros. Por isso, à medida que se desenvolve, ela fornece a um maior número de indivíduos que, em sociedades mais homogêneas, seriam condenados a desaparecer, os meios para se manterem e sobreviverem.

O importante disso é a divisão do trabalho ser mais do que mera sobrevivência, mais do que apenas relações produtivas. Ela estabelece vínculos morais. Aqui reside uma das principais teses de Durkheim (2019, p. 274), a de que a divisão do trabalho cimenta relações sociais em comum, porque é sustentada por uma base moral:

> Vê-se o quanto a divisão do trabalho nos aparece sob um aspecto diferente do que se mostra aos economistas. Para eles, ela consiste essencialmente em produzir mais. Para nós, essa maior produtividade é apenas uma consequência necessária, um reflexo do fenômeno. Se nos

[25] Afirma Durkheim (2019, p. 264): "Numa mesma cidade, as profissões diferentes podem coexistir sem serem obrigadas a se prejudicar reciprocamente, porque elas perseguem objetivos diferentes. O soldado busca a glória militar, o padre, a autoridade moral, o estadista, o poder, o industrial, a riqueza, o cientista, o renome científico; logo, cada um pode alcançar seu objetivo sem impedir os outros de alcançar o deles".

especializamos, não é para produzir mais, e sim para podermos viver nas novas condições de existência que nos são criados.

A crítica aos economistas clássicos deve-se, segundo Durkheim, ao fato de que eles reduzem a divisão do trabalho à esfera econômico-produtiva. Na opinião do sociólogo francês, a divisão do trabalho antecede ao determinismo econômico, precede a sociedade econômica. Segundo ele, "a divisão do trabalho só pode produzir-se no seio de uma sociedade preexistente [...] mas é necessário que exista entre eles [indivíduos] vínculos morais" (Durkheim, 2019, p. 276). Logo, "os contratos só são possíveis onde já existe uma regulamentação jurídica e, por conseguinte, uma sociedade". Portanto, Durkheim (2019, p. 21) chega à conclusão já anunciada no início do seu texto: a de que "os serviços econômicos que ela [divisão do trabalho] pode prestar são pouca coisa em comparação com o efeito moral que ela produz, e sua verdadeira função é criar entre duas ou várias pessoas um sentimento de solidariedade".

A base moral que constitui a vida social pela divisão do trabalho social pode incorrer, entretanto, em desagregação. Ou seja, a mesma divisão do trabalho que produz solidariedade pode produzir anomia. Esse conceito assume, na elaboração teórica de Durkheim, a mesma relevância que a solidariedade. No caso, a anomia é a antinomia da solidariedade. O livro III é dedicado a estudar esse fenômeno e suas implicações sociais.

## Manifestações da anomia na divisão do trabalho

Anomia,[26] em Durkheim, significa tudo aquilo que ameaça a coesão social, a vida em comum. O autor a interpreta a partir de

[26] Assim como os conceitos de solidariedade mecânica e solidariedade orgânica foram tomados emprestados de Ferdinand Tönnies e reinterpretados, o conceito de anomia também não é original em Durkheim. Tiryiakian (2005, p. 221) revela que o conceito de anomia, em Durkheim, tem como referência um escrito de Jean-Marie Guyau, intitulado *L'irréligion de l'avenir* (1887). Nesse texto,

duas perspectivas: uma estrutural, com situações que levam ao total desregramento da vida social, como é o caso de crises sociais agudas, e outra, infrassocial, quando aspectos específicos internos à vida social fogem aos padrões normais aceitáveis, como, por exemplo, o suicídio.[27]

Durkheim, como vimos anteriormente, sustenta que a divisão do trabalho desempenha função determinante no fortalecimento da solidariedade e, consequentemente, da coesão social. Reconhece que, "algumas vezes, porém, ela [a divisão do trabalho] apresenta resultados totalmente diferentes, até mesmo opostos" (Durkheim, 2019, p. 367). Logo, interessa-se pelo "estudo das formas desviadas", ou seja, aquelas que empurram a sociedade para a anomia. Particularmente, na sociedade relacionada à divisão do trabalho, Durkheim (2019, p. 368) alerta para três condições anômicas: "Reduziremos a três tipos as formas excepcionais do fenômeno que estamos estudando. Isso não significa que não possa haver outros, mas aquelas de que falaremos são as mais gerais e as mais graves". Os três tipos a que Durkheim se refere, geradores de condições anômicas na sociedade do trabalho, são: 1) exacerbação do conflito capital *versus* trabalho em situações de crises agudas; 2) imposição coercitiva de regras na relação capital-trabalho; 3) ausência ou intermitência de trabalho. Vejamos esses casos.

---

Guyau inverte a significação de anomia originária do pensamento hebraico-grego de transgressão religiosa e o conceitua como condição positiva da moral que permite uma convivência social a partir do livre arbítrio. Durkheim, retomando esse texto, assim como já o fizera com Ferdinand Tönnies, reinterpreta a tese de Guyau, considerando as características do sentido original de anomia em sua raiz grego-hebraica; interpreta-a, então, não mais como transgressão aos preceitos religiosos, mas como aquilo que provoca rupturas na normatividade da vida social.

[27] Durkheim é autor de um livro intitulado *O suicídio* (1857), obra clássica em que procura demonstrar os princípios por ele estabelecidos em seu tratado metodológico, *As regras do método sociológico* (1895).

O primeiro caso refere-se a crises agudas de base industrial que repercutem na vida econômica da sociedade e que a desestruturam.[28] Diz o autor: "Um primeiro caso desse gênero nos é fornecido pelas crises industriais ou comerciais, pelas falências, que são verdadeiras rupturas parciais da solidariedade orgânica" (Durkheim, 2019, p. 368). Nessas situações de crise do capital, desestruturam-se as relações de equilíbrio entre o capital e o trabalho. A partir do fenômeno das crises do capital, Durkheim insere nessa análise outro fenômeno,[29] aquele que diz respeito a mudanças relacionadas a alterações de base estrutural das forças produtivas, que elevam o antagonismo entre o trabalho e o capital e se tornam deletérias ao bom funcionamento social. Aqui, o autor faz uma breve análise comparativa entre as relações de trabalho no período que antecede a sociedade industrial, tomando como referência as corporações de ofício e as relações de trabalho do período de maturação do capitalismo industrial. Segundo ele: "Na Idade Média, o operário vive em toda parte ao lado do patrão, partilhando seus trabalhos 'na mesma bancada'. Ambos faziam parte da mesma corporação e levavam a mesma existência" (Durkheim, 2019, p. 369). À medida, porém, que a especialização da divisão do trabalho aumentou, aumentaram os conflitos. Diz Durkheim (2019, p. 370-371): "Ora, a pequena indústria, em que o trabalho é menos dividido, proporciona o espetáculo de uma harmonia relativa entre o patrão e o operário; é somente na grande indústria que essas discórdias se encontram em estado agudo". Em sua opinião, a especialização redundou numa maior divisão do trabalho:

[28] Não se trata de crises conjunturais, mas sim daquelas que provocam desestruturação industrial e desemprego em massa com risco de convulsões sociais.

[29] Parece-nos um pouco confusa essa transição que Durkheim faz de crises do capitalismo para crises relacionadas a mudanças de base produtiva, que podemos caracterizar como revoluções produtivas. Crises conjunturais e crises estruturais são coisas distintas. Incorporá-las em um mesmo caso de anomia parece-nos que não foi a melhor opção.

> Nesse caso, diz-se, o indivíduo debruçado em sua tarefa, isola-se em sua atividade especial; ele já não sente os colaboradores que trabalham ao seu lado na mesma obra, já não tem sequer a noção dessa obra em comum. A divisão do trabalho não poderia, pois, ser levada demasiado longe sem se tornar uma fonte de desintegração. (Durkheim, 2019, p. 372)[30]

Nesse caso, paradoxalmente, a mesma divisão do trabalho que é fonte de solidariedade pode também ser causa de anomia, como destaca Durkheim (2019, p. 373): "Assim, o mesmo princípio que permitiu o desenvolvimento e a extensão da sociedade geral ameaça, sob um outro aspecto, decompô-la numa multidão de corporações incoerentes que quase parece não pertencerem à mesma espécie". Nesse momento, o autor incorpora em suas análises um fator novo, o papel e a importância do Estado, do "órgão governamental", ele mesmo produto da divisão do trabalho. Essa instituição tem um papel importante nas relações de equilíbrio social. Embora não advogue um Estado interventor a cada instante, reconhece seu papel regulador:

> No entanto, o que constitui a unidade das sociedades organizadas, como de todo organismo, é o consenso espontâneo das partes, é essa solidariedade interna que não só é tão indispensável quanto a ação reguladora dos centros superiores, mas que é até sua condição necessária, pois nada mais fazem que traduzi-la em outra linguagem e, por assim dizer, consagrá-la. (Durkheim, 2019, p. 375-376)

---

[30] Aqui é possível uma aproximação com o conceito de alienação de Marx, quando fala da divisão do trabalho no sistema fabril. Mais adiante, retoma essa reflexão sobre o automatismo no trabalho e polemiza com os economistas clássicos, sobretudo Marx, embora não o cite. Durkheim sustenta que a obliteração no trabalho é equivocada quando é feita a partir apenas do reducionismo econômico. Diz ele: "Os economistas não teriam deixado na sombra essa característica essencial da divisão do trabalho e, em consequência, não a teriam exposto a essa crítica demasiada, se não a tivessem reduzido a não ser mais que um meio de aumentar o rendimento das forças sociais, se tivessem visto que ela é, antes de mais nada, uma fonte de solidariedade" (Durkheim, 2019, p. 390). Está claro, aqui, uma oposição a Marx. Durkheim não vê no conflito capital *versus* trabalho a evolução para uma sociedade que caminhe para outro patamar, como Marx antevia; ao contrário, alerta que é o caminho para a incivilidade.

Desse modo, o governo tem a função de legitimar, regular os resultados das tensões inerentes aos conflitos do capital na relação com o trabalho: "A regra não cria, pois, o estado de dependência mútua em que se acham os órgãos solidários, mas apenas exprime de uma maneira sensível e definida, em função de uma situação dada" (Durkheim, 2019, p. 382). Aqui, o autor deixa implícito, em seu raciocínio, que ele considera que o trabalho que fomenta a base moral e a solidariedade é aquele regulamentado, ou seja, normatizado e amparado por direitos. Essa premissa dá consistência ao seu argumento de que a moral proveniente da divisão do trabalho não é resultante do contrato, mas é importante em sociedades desse tipo.

A segunda tipificação de formas anormais, na divisão do trabalho, Durkheim (2019, p. 394) denomina de *a divisão do trabalho forçada*: "A divisão do trabalho forçada é, pois, o segundo tipo mórbido que reconhecemos". Em sua opinião, essa anomia acontece quando se estabelece uma imposição autoritária, coercitiva na relação capital-trabalho.[31] Segundo ele, nem mesmo as regras, o contrato, que em tese deveria normatizar e limitar qualquer abuso nessa relação está livre desse risco acontecer. Segundo ele, "algumas vezes, essas próprias regras são a causa do mal" (Durkheim, 2019, p. 391). Para Durkheim (2019, p. 395), a coerção ultrapassa os seus limites e se torna "mórbida" quando, "não correspondendo mais à verdadeira natureza das coisas e, em consequência, já não tendo base nos costumes, só se sustenta pela força". Nesse caso, a divisão do trabalho deixa de gerar solidariedade. Para evitar essa anomia é preciso que exista, diz Durkheim (2019, p. 395), "absoluta igualdade nas condições exteriores de luta". Está implícita, nessa afirmação, a necessidade da liberdade de organização, de reivindicação, para que cada qual possa lutar por seu direito, exteriorizar

[31] Evidentemente que o tema aqui não se resume à relação capital-trabalho, é mais amplo. Considere-se, porém, que daremos ênfase ao aspecto do trabalho, porque é sob essa perspectiva que estamos abordando.

suas vontades, se colocar diante do outro em condições de igualdade, e postular o seu contrato. Tomando como exemplo o contrato de trabalho, este não pode ser impositivo, deve ser negociado livremente, deve ser expressão do acordo a que chegaram as partes. O autor cita como exemplo de impeditivo da igualdade nas condições exteriores de luta as sociedades divididas em castas, que impossibilitam a liberdade de exteriorização e, ainda pior, são vítimas de coercitividade inaceitável.

Antes de postular o princípio da igualdade nas condições exteriores de luta, Durkheim (2019, p. 395) fala que o ideal é a organização da divisão do trabalho a partir da espontaneidade: "A espontaneidade supõe não apenas que os indivíduos não sejam relegados à força a funções determinadas, mas também que nenhum obstáculo, de qualquer natureza, os impeça de ocupar, no âmbito social, a posição proporcional a suas faculdades". Reconhece, entretanto, que a espontaneidade é difícil de acontecer e, por isso, o contrato é uma maneira de ajustar as coisas. Diz Durkheim (2019, p. 400): "Uma das variantes importantes da solidariedade orgânica é o que poderíamos chamar de solidariedade contratual". O contrato, no caso, tem a função de assegurar, na medida do possível, o princípio da igualdade nas condições exteriores de luta. Porém este, que deve contar com a salvaguarda do Estado, não é garantia, por si só, de impedimento da anomia.

> Para que esse resultado seja alcançado, porém, não basta que a autoridade pública zele para que os compromissos contratados sejam cumpridos; é preciso ainda que, pelo menos em grande média dos casos, sejam espontaneamente cumpridos. Se os contratos só fossem observados pela força ou por medo da força, a solidariedade contratual seria singularmente precária. (Durkheim, 2019, p. 400-401)

Durkheim (2019, p. 402) alerta para o fato de que os contratos precisam ser justos, reconhecerem o "valor de troca".[32] O contrato, para além de consentido, deve expressar justiça social: "Para que a força

---

[32] Aqui é bastante provável que tenha como referência os estudos de Marx, embora não o cite.

obrigatória do contrato seja plena, não basta que ele tenha sido objeto de um assentimento expresso; é necessário, além disso, que seja justo, e ele não é justo pelo simples fato de ter sido verbalmente consentido".

Nota-se, aqui, que Durkheim, em diálogo com a Economia Política, oscila entre Smith e Marx, manifestando mais concordância para com o primeiro. Se, por um lado, reconhece a necessidade do contrato como proteção e salvaguarda do direito a um dos lados e que deve ser expressão de justiça, adverte, por outro lado, que tudo o que é resultante de coerção – o contrato não deixa de ser – não é bom para o conjunto da sociedade. Nessa perspectiva, está de acordo com Smith para quem o vínculo social não deve ser produto de um pacto normatizado em contratos, mas resultado, sobretudo, de uma harmonia de interesses que indiretamente cooperam entre si.

> É aos economistas que cabe o mérito de terem sido os primeiros a assinalar o caráter espontâneo da vida social, de terem mostrado que a coerção necessariamente a desvia de sua direção natural e que, normalmente, ela resulta não de arranjos externos e impostos, mas de uma livre elaboração interna. (Durkheim, 2019, p. 405)

Em suma, Durkheim insiste que a coerção, a imposição de regras de convivência, não é satisfatória para o conjunto da sociedade. Não ignora a necessidade dela, mas alerta que o regulamento, o contrato, tem que se orientar pelo princípio da justiça social e se subordinar à sociedade.

> Do mesmo modo que o ideal das sociedades inferiores era criar ou manter a vida comum mais intensa possível, em que o indivíduo viesse se absorver, o nosso é colocar cada vez mais equidade em nossas relações sociais, a fim de garantir o livre desenvolvimento de todas as forças socialmente úteis [...] Do mesmo modo que os povos antigos tinham, antes de mais nada, necessidade da fé comum para viver, nós necessitamos de justiça. (Durkheim, 2019, p. 407)

Finalmente, Durkheim descreve a terceira manifestação de anomia na divisão do trabalho social como aquela em que as funções são mal distribuídas e/ou desestruturam o conjunto da atividade administrativa/produtiva ou há intermitência ou ausência de trabalho. No primeiro caso, a solidariedade exige que aqueles que ocupam funções sintam-nas encadeadas num sistema produtivo virtuoso, que cada um sinta-se individualmente reconhecido em sua atividade e que esta cumpra uma função coletiva. Assegura Durkheim (2019, p. 409): "numa administração em que cada empregado não tem com que se ocupar o suficiente, os movimentos se ajustam mal entre si, as operações se fazem sem conjunto, numa palavra, a solidariedade se afrouxa, a incoerência e a desordem aparecem". Trata-se, portanto, da importância do bom ordenamento administrativo e ou produtivo que leve em consideração "a atividade funcional de cada trabalhador", porque, afirma Durkheim (2019, p. 409), a "solidariedade depende estreitamente da atividade funcional das partes especializadas". Novamente, Durkheim recorre ao exemplo da biologia para reforçar o seu argumento de que o todo depende das partes, ou seja, o funcionamento equilibrado do todo exige que cada parte cumpra com eficácia a sua função. Ainda mais, o sistema só funciona se, efetivamente, cada parte estiver conectada às outras partes. As disfunções e os problemas surgem quando esse encadeamento de subsistemas não funciona ou funciona precariamente. A sociedade é similar a um corpo biológico. A solidariedade depende que cada um faça a sua parte, que por sua vez se retroalimenta do conjunto das outras partes.

> O que faz que qualquer aumento da atividade funcional determine um aumento de solidariedade é o fato de que as funções de um organismo só podem tornar-se mais ativas se também se tornarem mais contínuas. Considerem uma em particular. Como ela nada pode fazer sem o concurso das outras, só pode produzir mais se as outras também o fizerem; mas o rendimento destas só pode aumentar, por seu turno, se o da precedente aumentar mais uma vez, por uma nova reação. (Durkheim, 2019, p. 412)

Essa normatividade da divisão do trabalho social remete para a necessidade de que todas tenham uma função. Logo, a ausência de trabalho ou intermitência deste redunda também em anomia, em desregramento e disfuncionalidade social. Portanto, diz Durkheim (2019, p. 413), "se o trabalho não apenas não é considerável, mas além disso não é suficiente, é natural que a própria solidariedade não apenas seja menos perfeita, conforme falte mais ou menos". Não está explícito, no autor, mas se depreende do seu raciocínio que o ideal é uma sociedade que alcance o pleno emprego, em que todos tenham uma atividade profissional.

> No entanto, à medida que se avança, o trabalho se torna uma ocupação permanente, um hábito e até, se esse hábito for suficientemente consolidado, uma necessidade. Mas esse hábito não poderia constituir-se e a necessidade correspondente não teria podido nascer, se o trabalho tivesse permanecido irregular e intermitente, como outrora. (Durkheim, 2019, p. 416)

Durkheim preconiza aqui a sociedade fordista que, como atesta Harvey (1992, p. 129-130), citando Gramsci, deixou de ser apenas um modo de organizar a produção e se transformou em um modelo de sociedade ético-econômica-cultural com sua base moral.

## Divisão do trabalho, a base moral da sociedade

À guisa da conclusão, Durkheim considera respondido o questionamento postulado no início de sua reflexão, ao mesmo tempo que julga confirmada a hipótese sugerida. O questionamento que se propôs foi o de como é possível viver coletivamente numa sociedade caracterizada pela individualidade: como constituir vínculos sociais mínimos para que a sociedade funcione satisfatoriamente e não descambe para o completo desregramento e disfuncionalidade? Recordemos que Durkheim está pensando na sociedade moderna-industrial, em que o individualismo, o subjetivismo, a laicização e a diversidade cultural são constitutivas do que se denomina modernidade. A resposta que encontrou ao questionamento confirmou a sua hipótese, ou seja, de que a divisão do trabalho é a forma de promoção da solidariedade, de vínculos sociais que permitem a substituição da consciência coletiva da sociedade anterior e preenche as necessidades desta. Durkheim está atrás de uma moral que dê sustentação à vida em comum.

> É moral, pode-se dizer, tudo o que é fonte de solidariedade, tudo o que força o homem a contar com outrem, a reger seus movimentos com base em outra coisa que não os impulsos do seu egoísmo, e a moralidade é tanto mais sólida quanto mais numerosos e mais fortes são esses vínculos. (Durkheim, 2019, p. 420)

Em Durkheim (2019, p. 421), a sociedade não é dissociada da moral. Sem moral não há sociedade e vice-versa. Para ele, a sociedade "não é uma simples justaposição de indivíduos que trazem, ao entrar, uma moralidade intrínseca; mas o homem só é um ser moral porque vive em sociedade, pois a moralidade consiste em ser solidário de um grupo e varia de acordo com essa solidariedade". Ainda de forma mais incisiva, argumenta (2019, p. 421): "Façam desaparecer toda vida social, e a vida moral desaparecerá ao mesmo tempo, não tendo mais objeto a que se prender".

Considerando, portanto, que sociedade e moral são uma coisa só, retroalimentam-se, trata-se de perscrutar onde melhor ela se manifesta, e a sua resposta é na divisão do trabalho. Diz Durkheim (2019, p. 422): "Ora, não só a divisão do trabalho apresenta a característica pela qual definimos a moralidade, como tende cada vez mais a se tornar a condição essencial da solidariedade social". A razão desse fato é que a divisão do trabalho transforma a sociedade em um organismo vivo, onde cada órgão cumpre uma função, ao mesmo tempo em que o todo predomina sobre as partes; as partes existem em função do todo e é esse consortismo que estabelece a moral comum.

> Eis o que constitui o valor moral da divisão do trabalho. É que, por ela, o indivíduo retoma consciência de seu estado de dependência para com a sociedade; é dela que vêm as forças que o retêm e o contêm. Numa palavra, já que a divisão do trabalho se torna a fonte eminente da solidariedade social, ela se torna, ao mesmo tempo, a base da ordem moral. (Durkheim, 2019, p. 423)

Durkheim não deixa, de certa forma, de ser um idealista, alguém que acredita no ser humano, na capacidade de viver com os outros;

porém o seu idealismo não é nefelibata, ele o assenta em bases reais e está convencido de que a divisão do trabalho é o liame que possibilita a fraternidade social, algo que coloca da seguinte maneira:

> Portanto, podermos formular a seguinte proposição: o ideal da fraternidade humana só pode se realizar na medida em que a divisão do trabalho progride. É preciso escolher: ou renunciar a nossos sonhos, se nos recusarmos a circunscrever ainda mais nossa atividade, ou então buscar sua realização, mas sob a condição que acabamos de assinalar. (Durkheim, 2019, p. 429)

Vê-se, aqui, uma novidade em Durkheim: ele considera haver uma base moral nessa deliberação de se inserir na sociedade pela divisão do trabalho que tem fundamento na cooperação e não apenas na troca, ou seja, essa inserção social não se dá apenas pelo interesse de ganho egoístico da renda, como definiam os clássicos da Economia Política. Afirma: "Se a divisão do trabalho produz a solidariedade, não é apenas porque ela faz de cada indivíduo um 'trocador', como dizem os economistas; é porque ela cria entre os homens todo um sistema de direitos e deveres que os ligam uns aos outros de maneira duradoura" (Durkheim, 2019, p. 429).

Em suma, Durkheim está convencido de que a divisão do trabalho é a forma de sustentar uma moral que fortalece os vínculos sociais e a coesão social. Tanto acredita nisso que, no prefácio à segunda edição de *Da divisão do trabalho social,* retoma sua apreensão sobre o estado de anomia da sociedade e retorna ao tema da divisão do trabalho em outra perspectiva, dessa vez, propondo determinado tipo de divisão do trabalho que, caso levado a cabo, daria outra organicidade à sociedade. Veremos isso na sequência.

## Corporações: um novo modelo societário do trabalho

Em seu prefácio à segunda edição de *Da divisão do trabalho social*, Durkheim (2019, p. V-VI) desenvolve um conteúdo que gostaria de ter abordado, quando da publicação do livro, mas que ficou na penumbra. Afirma ele: "trata-se do papel que os agrupamentos profissionais estão destinados a desempenhar na organização social dos povos contemporâneos". Segundo Durkheim (2019, p. V-VI), "sobrevieram outras ocupações que nos desviaram desse projeto e como não vemos quando poderemos dar-lhe continuidade, gostaríamos de aproveitar essa segunda edição para mostrar como esse problema se liga ao tema tratado ao longo da obra". O tema a que se refere, como bem o sabemos, é o de como constituir uma sociedade lastreada numa moral que sustente a convivência e a coesão social. Durkheim (2019, p. VIII) acredita que essa função pode ser desempenhada pela divisão do trabalho, porém, percebe seus limites e retorna ao tema, desta feita, de forma mais propositiva e coerente com sua premissa de que "a ciência atualmente só tem prestígio na medida em que pode servir à prática, isto é, em grande parte, às profissões econômicas".

A proposta das *corporações* responde à sua percepção de duas dinâmicas presentes na divisão do trabalho, nos marcos do capitalismo. A primeira, a de que a ausência da regulamentação na relação do capital *versus* trabalho é extremamente deletéria e produz anarquia, e a segunda, a de que mesmo a regulamentação é insuficiente para garantir solidez ao estímulo da solidariedade. Logo, ele recupera o modelo das corporações de ofício do *Ancien Régime* e dele se serve para sugerir uma forma atualizada dessas organizações para a vida econômica contemporânea. Essa aproximação ao modelo das corporações do período pré-industrial reside no fato de que o autor as via como organizações nas quais se produzia forte solidariedade pelo seu funcionamento de caráter cooperativo. É evidente, entretanto, que não se trata de

> ressuscitar artificialmente a velha corporação, tal como existia na Idade Média [...] Não se trata de saber se a instituição medieval pode convir tal qual as nossas sociedades contemporâneas, mas se as necessidades a que ela correspondia não são de todos os tempos, conquanto deva, para satisfazê-las, se transformar segundo os ambientes. (Durkheim, 2019, p. XIII)

Durkheim enxerga nas corporações de ofício da Idade Média mais do que um modelo de organização do trabalho datado a esse período; também remonta à história antiga, como que para dizer que a forma cooperativa de trabalho sempre existiu. "Se, desde as origens das cidades até o apogeu do Império, desde o alvorecer das sociedades cristãs até os tempos modernos, elas foram necessárias, é porque correspondem a necessidades duradouras e profundas" (Durkheim, 2019, p. XV). Logo, porque não recuperar esse modelo e adequá-lo aos nossos tempos? Essa é a ideia de Durkheim. Vê, portanto, nesses agrupamentos profissionais, a possibilidade de superação da anomia presente na sociedade do trabalho, seja pela ausência da regulamentação, seja por seus efeitos insuficientes. Em defesa dessa proposta, argumenta:

> A atividade de uma profissão só pode ser regulamentada eficazmente por um grupo próximo o bastante dessa mesma profissão para conhecer bem o seu funcionamento, para sentir todas as suas necessidades e poder seguir todas as variações desta. O único grupo que corresponde a essas condições é o que seria formado por todos os agentes de uma mesma indústria reunidos e organizados num mesmo corpo. É o que se chama de corporação ou grupo profissional. (Durkheim, 2019, p. X-XI)

Evidentemente que os agrupamentos profissionais, na visão durkheimiana, são mais do que simples cooperativas. Ele os pensa a partir de novas configurações adequadas às mudanças do capital contemporâneo. De qualquer forma, o substrato que lhe interessa é para além da lógica econômica.

> O que vemos antes de mais nada no grupo profissional é um poder moral capaz de conter os egoísmos individuais, de manter no coração dos trabalhadores um sentimento mais vivo de sua solidariedade comum, de impedir que a lei do mais forte se aplique de maneira tão brutal nas relações industriais e comerciais. (Durkheim, 2019, p. XVI)

Na concepção de Durkheim, os agrupamentos profissionais são a expressão de uma livre adesão em que pessoas de uma mesma profissão se organizam, inicialmente, a partir de interesses econômicos em comum. Esse regime corporativo expressa, entretanto, mais do que interesses econômicos entre os seus membros, na medida em que a livre adesão e a deliberação de suas regras de funcionamento se fazem a partir de uma moral fundada por fortes laços de solidariedade. Em Durkheim, afirma Lukes (2005, p. 92), os agrupamentos de caráter corporativo começam com "os interesses comuns, ou pelo menos análogos; forma-se um grupo, do grupo destaca-se uma disciplina, uma vida moral, uma solidariedade, que vão além das funções específicas para as quais se tinha constituído". A ideia de pessoas que se agregam tendo em comum um ramo de atividade é, para Durkheim (2019, p. XXI), uma predisposição natural. Segundo ele,

> a partir do instante em que, no seio da sociedade política, interesses, sentimentos, ocupações que o resto da população não partilha com eles, é inevitável que, sob a influência dessas similitudes, eles sejam atraídos uns para os outros, que se procurem, teçam relações, se associem e que se forme assim, pouco a pouco, um grupo restrito, com sua fisionomia especial no seio da sociedade geral.

E, o mais importante, "uma vez formado o grupo, dele emana uma vida moral que traz, naturalmente, a marca das condições particulares em que é elaborada" (Durkheim, 2019, p. XXI). Ele traça um longo comparativo entre a instituição família e os agrupamentos profissionais para concluir que "do mesmo modo que a família foi o ambiente no seio do qual se elaboraram a moral e o direito domésticos, a corporação é o meio natural no seio do qual devem se elaborar a moral e os direitos profissionais" (Durkheim, 2019, p. XXV). Da mesma forma, procura demonstrar que as corporações, o corpo de ofícios da Idade Média, foi o sustentáculo de organização social do qual emanava não apenas um modo de vida econômica, mas um repositório da solidariedade social. O sociólogo se pergunta o porquê do fracasso dessas organizações, uma vez que desempenhavam papel tão importante. Associa esse fracasso ao surgimento da grande indústria, que desestruturou esse modelo socioeconômico. Segundo ele, "chegou a ser, até mesmo, quase impossível, a partir do momento em que a grande indústria alcançou certo grau de desenvolvimento e de diversidade; [...] Infelizmente, ela não teve flexibilidade suficiente para se reformar a tempo; é por isso que foi destroçada" (Durkheim, 2019, p. XXXI).

Durkheim acredita que as corporações podem e devem ser retomadas. Evidentemente, não mais da mesma forma tal qual existiram, porém, os seus ideais permanecem e trata-se de, inspirando-se nessa experiência, retomá-las e inseri-las na nova dinâmica do capital industrial.

A partir dessa ideia mais geral, passa a tecer comentários de como essas corporações podem ser retomadas. Parece-nos que nesse tópico Durkheim é bastante superficial e não aprofunda o tema de como essas corporações profissionais poderiam se instalar numa economia competitiva e oligopolizada, como já se observava em sua época. De fato, em Durkheim, o forte é o componente da interpretação social, visto que as suas imersões no mundo da economia são sempre fugidias e de pouca fundamentação. Permanece, entretanto, essa sua proposição de repensar a vida econômica, tendo sempre como primeira referência aquilo que cria as condições de sustentação moral para a vida em comum. Logo, parece-lhe natural que essas corporações profissionais, livres das amarras de uma regulamentação coercitiva e com autonomia, seriam o protótipo de algo novo, portador de valores que possibilitariam o liame social. Diz Durkheim (2019, p. XXXIV-XXXV):

> Aliás, é preciso evitar acreditar que todo o papel da corporação deva consistir em estabelecer regras e aplicá-las. Sem dúvida, onde quer que se forme um grupo, forma-se também uma disciplina moral. Mas a instituição dessa disciplina não é mais que uma das numerosas maneiras pelas quais se manifesta toda atividade coletiva. Um grupo não é apenas uma autoridade moral que rege a vida de seus membros, é também uma fonte de vida *sui generis*. Dele emana um calor que aquece ou reanima os corações, que os abre à simpatia, que faz ruir os egoísmos.

Embora não considere que "a corporação seja uma espécie de panaceia capaz de servir a tudo", está convencido de que "deveria ser o elemento essencial de nossa estrutura social" (Durkheim, 2019, p. XXXVIII). Essa formulação de Durkheim, elaborada no prefácio à segunda edição de *Da divisão do trabalho social*, mesmo podendo ser contestada, guarda coerência com o conjunto do seu texto. Como vimos, em Durkheim, a questão central a ser solucionada é de como viver em comum em uma sociedade plural, diversa e complexa em que os riscos de anomia são permanentes. Tendo a divisão do trabalho como âncora da efetividade da solidariedade, Durkheim perscruta a melhor forma disso acontecer. É nesse contexto que surge a ideia do regime corporativo.

## O LUGAR DA CATEGORIA TRABALHO NO MÉTODO DURKHEIMIANO

A categoria divisão do trabalho ocupa um importante lugar no método durkheimiano. Vejamos por quê. Inicialmente, lembremos que Durkheim foi fortemente influenciado pelo positivismo. Essa corrente tem a sua origem em autores como Condorcet, Saint-Simon e August Comte, como já destacado anteriormente. Cada um, da sua forma, influenciou a construção da teoria social durkheimiana. O positivismo parte de algumas premissas. Segundo Löwy (1987), no esquema positivista,[33] a sociedade é regida por leis naturais; pode ser estudada pelos mesmos métodos e processos empregados pelas ciências da natureza e, mais importante, deve-se limitar à observação e à explicação causal dos fenômenos de forma objetiva, neutra, livre de julgamentos de valor ou ideologias. Basicamente, o positivismo tem a pretensão de reproduzir o modelo de análise das leis naturais aos fenômenos humanos.

> O discurso de Durkheim passa sem hesitação das leis da seleção natural às 'leis naturais' da sociedade, e dos organismos vivos aos 'organismos' sociais. Essa surpreendente versatilidade da *démarche* apoia-se numa pressuposição essencial: a homogeneidade epistemológica dos diferentes

[33] O positivismo é, hoje, reconhecidamente uma corrente de pensamento conservadora. À sua época, entretanto, destaca Löwy (1987, p. 19-20), o cientificismo positivista era "um instrumento de luta contra o obscurantismo clerical, as doutrinas teológicas, os argumentos de autoridade, os axiomas *a priori* da Igreja, os dogmas imutáveis da doutrina social e política feudal".

domínios e, por consequência, das ciências que os tomam como objeto. (Löwy, 1987, p. 29)

À influência do positivismo em Durkheim soma-se também o evolucionismo de Spencer, que, originário da transposição das leis naturais de corte darwinista para a interpretação da sociedade, estabelece certa normatização no desenvolvimento delas. É dessa premissa, portanto, de interpretação do social a partir das leis naturais originárias do positivismo e do evolucionismo, que Durkheim sugere, em *As regras do método sociológico*, que se deve considerar os fatos sociais como *coisas*. Tratar o fato social como *coisa* significa separar o sujeito do objeto e aceitar que a "verdade" está no objeto (coisa) e não no sujeito. Logo, agimos condicionadamente pela sociedade a partir de três características: a *coercitividade*, que se trata de um fato imposto pela sociedade sem o consentimento prévio do indivíduo (por exemplo, a influência das instituições); a *exterioridade*, em que o fato é preexistente ao indivíduo (por exemplo, as regras, as leis, os costumes) e a *generalidade*, um fato que se faz presente em distintas sociedades se caracteriza por ser permanente. Então, um fato social é o que se encontra generalizado na sociedade, desempenha alguma função importante para a adaptação ou evolução dessa sociedade e é garantia de normalidade na medida em que representa o consenso social, a vontade coletiva. Logo, o método, em Durkheim, parte da premissa de que a sociedade não apenas é superior ao indivíduo como é determinante para moldar o seu comportamento.

É nessa perspectiva que Durkheim sugere que a sociedade é um organismo vivo, como um corpo humano, que é composto por subsistemas e que o todo e a parte interagem para o seu bom funcionamento. O todo não existe sem as partes, mas também as partes dependem do todo para funcionar. Ainda mais importante, o todo tem prevalência sobre as partes, porque é dele que emana a normatização da funcionalidade. É por isso que em Durkheim a sociedade sempre tem a prevalência sobre o indivíduo.

É aqui que entra a divisão do trabalho como um sistema que, ao mesmo tempo, é subsistema. A divisão do trabalho é o que permite a boa funcionalidade do todo (sistema) e das partes (subsistemas). Ela é a forma, por excelência, de fazer funcionar a sociedade. Lembremos que divisão do trabalho em Durkheim diz respeito, sobretudo, à racionalidade econômica; mas não apenas isso, ela incorpora, também, a especialização (as partes, os subsistemas) de outras áreas, como a administração e a cultura, para ficar em apenas duas.

Em contrapartida, essa divisão do trabalho, que é o todo social em seu pleno funcionamento, demanda que cada um aceite o seu lugar, a sua função, a sua atividade no sistema mais geral. Trata-se da especialização que dá uma função a cada um na colaboração do funcionamento do todo. Deriva dessa concepção que se atribui a Durkheim o chamado *método funcionalista* de compreensão social. Assim como o corpo humano, para funcionar adequadamente, necessita de seus subsistemas – esquelético, muscular, cardiovascular, respiratório, digestório, urinário, nervoso etc. – a sociedade, também, para funcionar adequadamente, precisa de seus subsistemas. É aqui que a divisão do trabalho desempenha função normativa da maior importância. E destaque-se que não apenas em função de sua racionalidade econômica, mas, sobretudo, em função de que a divisão do trabalho comporta aquilo que produz solidariedade e que subjacente a ela é intrínseca uma moral de adesão social.

Durkheim reconhece que a sociedade, como todo organismo, apresenta estados normais e patológicos, assim como o corpo humano, e sugere que ao sociólogo cabe uma atitude investigativa que auxilie na correção de desvios, anomias, quando estes se apresentam.

## O projeto de sociedade idealizado por Durkheim fracassou?

Passado mais de um século da morte de Durkheim, podemos nos perguntar: o seu projeto social, ancorado na divisão do trabalho como produtor da solidariedade, fracassou? A resposta tende a ser afirmativa, em função da crescente anomia na sociedade do trabalho, manifesta em sua acelerada desestruturação, desregulamentação e precarização. Lembremos que a questão central para Durkheim é como assegurar coesão numa sociedade plural, complexa, industrializada, secularizada e cada vez mais propensa aos conflitos. A exacerbação dos conflitos gera anomia – uma condição de desregramento que torna precária a vida em comum. O sociólogo francês considera aceitáveis manifestações de anomia, que classificará como patologias, desde que não excedam determinados limites e ameacem a vida em comum na sociedade.

Durkheim, como vimos no conjunto de sua obra *Da divisão do trabalho social,* depreende que a superação da anomia em direção à solidariedade, base da coesão social, pode ser encontrada no trabalho. Note-se que o trabalho de que fala Durkheim é o lugar de realização pessoal naquilo em que o indivíduo se especializa, e por isso passa a ser valorizado; é fonte de renda para inserção nas relações de troca e, o mais importante, é o cimento da coesão social. Em uma sociedade em que todos trabalham, cada qual cumprindo a sua função, gera-se um sentido de moralidade que expressa solidariedade. A divisão do trabalho gera consensos e é portadora de um pacto de convivência. Os indivíduos aceitam o lugar social que lhes é dado, desde que impere uma ordem social que leve justiça a todos os seus membros. Logo, uma premissa importante é que essa condição de trabalho seja normativa, ou seja, portadora de direitos e dignidade. Assim, o trabalho, em Durkheim, pode ser fonte de solidariedade ou de anomia. Uma sociedade que não garante trabalho para todos, que não respeita direitos ou distribuição de renda satisfatória resvalará na anomia; assim como a permanente agitação do movimento operário não contribui para o estabelecimento do equilíbrio social.

Pouco mais de um século após a publicação da obra *Da divisão do trabalho social*, o agressivo ataque do capital ao trabalho, o intenso e permanente processo de desregulamentação da normatividade da legislação do trabalho, a queda dos rendimentos da massa salarial e a condição de trabalho intermitente permitem a conclusão de que o projeto durkheimiano de coesão social alicerçado no trabalho fracassou. Trata-se de um debate em aberto em que cada um pode opinar. Tiryakian (2005), por exemplo, num exercício sobre o que Durkheim escreveria num possível terceiro prefácio à sua obra *Da divisão do trabalho social,* no pós-guerra, e tomando, sobretudo, a França como referência, é relativamente otimista com o mundo que o sociólogo veria, embora, em contrapartida, reconheça que Durkheim certamente faria uma advertência crítica à exacerbação do liberalismo.

> O clima de anomia que varreu as economias de mercado e as economias antigamente centralizadas não encontra sua panaceia nas economias liberais que são as nossas; na verdade, os custos humanos da desregulamentação em todos os sentidos são talvez mais elevados hoje do que há um século, quando ele tentava circunscrever os fundamentos da anomia. (Tiryakian, 2005, p. 232)

Em nossa análise, Durkheim ficaria desolado com o que veria hoje e, certamente, seria um contundente crítico da atual divisão do trabalho. Assiste-se, nas últimas décadas, a uma ofensiva mundial das forças liberais sobre os direitos dos trabalhadores. As relações de trabalho fazem-se sempre e cada vez mais num processo de relações institucionais de individualização, no qual os atores do trabalho se veem enfraquecidos, como é o caso da justiça do trabalho e dos sindicatos. Essa realidade manifesta-se por meio da crescente desregulamentação, alteração das normas que se ajustam às condições do mercado: contrato, remuneração e jornada de trabalho.

Outro fator da desestruturação da sociedade salarial é a mudança de paradigma do padrão produtivo – revolução informacional e revolução 4.0 – comparável às mudanças produzidas pela revolução industrial da época de Durkheim. Ao contrário, entretanto, da revolução industrial do século XVIII, que empregou milhares de pessoas, essa revolução produtiva não requer mais o trabalho de todos. Ela se faz na dispensa de trabalho. Basta olhar para a destruição de milhares de empregos na indústria e o crescimento de trabalho no setor de serviços, majoritariamente precários.

O capitalismo produtivo de agora exige sempre e cada vez mais uma mão de obra altamente qualificada, capaz de agregar conhecimento ao processo produtivo na perspectiva do aumento da produtividade, condição indispensável num mercado altamente competitivo. Situam-se, porém, nessa condição, poucos eleitos, aqueles que trabalham em nichos produtivos de alta tecnologia. Esses são bem pagos, mas em número muito reduzido. Logo, o que vemos com a mudança no paradigma produtivo é a desestabilização dos estáveis (Castel, 1995): trabalhadores que não têm mais lugar no processo produtivo sendo substituídos por máquinas e a instalação da precariedade – trajetórias erráticas feitas de alternância entre emprego e não emprego.

Outra mudança substancial que destrói a sociedade do trabalho é a supremacia do capital financeiro sobre o capital industrial. As empresas, atualmente, respondem aos interesses de investidores e acionistas e não têm compromissos com a sociedade. A novidade deve-se ao fato de que, ao contrário da sociedade industrial, as empresas 4.0 romperam com o "compromisso" fordista de gerar milhares de empregos. Na sociedade industrial clássica, o empresário retornava parte do seu lucro para a sociedade por meio do pagamento de salários e geração de empregos com abertura de novas fábricas. Agora, com uso intensivo de tecnologia, as empresas aumentam a produtividade, pagando menos salários e empregando menos pessoas. O dinheiro que, antes, voltava parcialmente para a sociedade, é transferido para o mercado financeiro. O assalariamento, que foi um importante mecanismo de distribuição de renda e permitiu o surgimento do *Welfare State*, está em crise.

Provavelmente Durkheim ficaria espantado com a involução que se processou na divisão do trabalho social, principalmente a partir do último quarto do século XX. Tiryakian (2005, p. 232) comenta que, diante das mudanças, "Durkheim solicitaria certamente aos sociólogos que estudassem mais de perto a nova realidade do trabalho a fim de melhor compreender o mundo em que vivem". Acrescentaria a isso que Durkheim, certamente, também pediria aos sociólogos que ousassem pensar alternativas a essa situação.

# O trabalho em Weber

## O problema teórico central em Weber

Max Weber (1864-1920),[1] assim como seus contemporâneos, Marx e Durkheim, é testemunha do amadurecimento do capitalismo e, assim como os seus pares, tornar-se-á um inquieto pesquisador e estudioso desse evento maior da modernidade. O capitalismo é, segundo Weber (2020, p. 10), "a mais fatídica potência da nova vida moderna".

De acordo com Schluchter (2014, p. 61), "é possível reconhecer um problema teórico que, ao longo do desenvolvimento do trabalho intelectual de Weber, adquire uma significação cada vez maior e que acaba deixando para trás diversos outros problemas que vão sendo descolados para um plano secundário". Esse problema teórico que se torna dominante em Weber é a compreensão da racionalidade específica que conforma o capitalismo em sua experiência única no

[1] Na opinião de Müller (2005, p. 235), "Weber era provavelmente um dos últimos pesquisadores universais do fim do século XIX e do começo do século XX, a tal ponto que ele pode muito bem ser qualificado de economista, de jurista, de político, de historiador e de sociólogo [...]. Contribuiu igualmente para fundar vários ramos da sociologia, por exemplo, a sociologia econômica, a sociologia do trabalho, das organizações e das profissões, do mesmo modo que a sociologia das desigualdades e da estratificação, e, certamente, a sociologia das religiões".

Ocidente. Na *Vorbemerkung* (observações preliminares) do primeiro volume dos *Ensaios reunidos de sociologia da religião* (1917-1920), indaga:

> Qual encadeação de circunstância fez com que justamente sobre o solo do Ocidente, e apenas aqui, surgissem fenômenos culturais que, todavia, se encontrassem – como ao menos nós gostaríamos de imaginar – em uma direção de desenvolvimento dotada de significado e validade *universais*? (Weber, 2020, p. 7)[2]

O programa de fundo da pesquisa weberiana foi definido da seguinte forma por Müller (2005, p. 238):

> Como explicar essa configuração institucional própria do Ocidente? Como elucidar a particularidade de sua estruturação econômica, cultural e política? De onde provém este racionalismo ocidental e que forma concreta ele assume? Qual a chave para descobrir o caráter desse racionalismo?

Isso é destacado por Schluchter (2010, p. 237), ao comentar que interessa, em Weber, as respostas às questões do "que constitui o caráter econômico e social distintivo do Ocidente: como se explica tal caráter?".

É nas respostas a essas questões que o tema do trabalho assumirá relevância na obra weberiana,[3] porém tenhamos a clareza de que essa categoria "se insere na problemática mais ampla que forjou a sua vida de pesquisador, a saber, a ascensão do capitalismo ocidental e a especificidade da modernidade ocidental" (Müller, 2005, p. 234). Uma das respostas às questões formuladas anteriormente sobre aquilo que é o específico no *modus operandi* da racionalidade ocidental encontra-se em sua obra *A ética protestante e o espírito do capitalismo*

---

[2] Essa transcrição encontra-se presente na edição *A ética protestante e o espírito do capitalismo* publicada pela Editora Vozes (2020).

[3] Como veremos posteriormente, a abordagem ao tema do trabalho em Weber não se resume à obra *A ética protestante e o espírito do capitalismo.* Há outras pesquisas, estudos e escritos em que o autor tem no trabalho o objeto principal de sua investigação social.

(1904-1905/1920).[4] Nessa obra, Weber desenvolve e defende uma tese bastante original, a de que desde o início da Reforma Protestante "assiste-se ao nascimento de uma concepção espiritual do trabalho,[5] bem como ao aparecimento de uma ética profissional, as quais constituíram um aspecto central do espírito do capitalismo, que favoreceu seu desenvolvimento no Ocidente" (Müller, 2005, p. 241). A tese, hoje por demais conhecida, é descrita por Weber (2020, p. 154) com o seguinte enunciado:

> A valoração religiosa do trabalho mundano diligente, pertinaz, sistemático, enquanto meio ascético simplesmente mais elevado e ao mesmo tempo como comprovação mais certa e visível do ser humano regenerado e da sua autenticidade de fé, há de ter sido a alavanca mais forte do que se pode conceber para a expansão daquela concepção de vida que chamamos aqui de 'espírito' do capitalismo.

O que o autor enfatiza é que a concepção de trabalho por meio da religião é uma das chaves de leitura das mais importantes para a compreensão do surgimento do racionalismo ocidental. Aqui, Weber explicita os "dois pilares do racionalismo ocidental: o capitalismo e a religião" (Müller, 2005, p. 240).

---

[4] A datação mais comum da publicação de 1904 e 1905 deve-se ao fato de que o conjunto da obra é resultante de dois artigos independentes, um escrito em 1904 e outro em 1905; ambos publicados na revista *Archiv für Sozial Wissenschaft und Sozialpolitik*, da qual Weber era um dos editores. Posteriormente, foram unificados e deram origem ao livro. Em 1920, o autor revisou e ampliou o texto. De acordo com Pierucci (2005, p. 18-19), nessa última edição de 1920, "Weber não mudou a sua interpretação básica do que é a relação entre uma ética religiosa que, no caso, é a ética de um tipo de protestantismo, que ele chama de protestantismo ascético, o puritano, que vai gerar um tipo de comportamento na sociedade capitalista, na atividade econômica [...] Mas ele acrescenta coisas muito importantes, como o conceito de 'desencantamento', que é central no seu pensamento".

[5] Em 1517, Martinho Lutero afixava as suas 95 teses na porta da Igreja do Castelo de Wittenberg (Alemanha). O gesto inaugura simbolicamente a Reforma Protestante. Mais do que uma contestação teológica doutrinária ao papado católico, a Reforma desencadeia consequências que terão significativas inflexões no mundo da política e da economia. O evento é compreendido como um dos marcos históricos da transição da Idade Média para a Modernidade.

Note-se, para ser mais preciso, que é na religião, particularmente nas denominações religiosas oriundas da Reforma, que se encontra uma concepção de trabalho que será de vital importância para o entendimento do sucesso do empreendimento capitalista no ocidente. O capitalismo, diz Weber (2020, p. 13), não se deu apenas no ocidente: "'capitalismo' e empreendimentos 'capitalistas', existiram em *todos* os territórios de cultura da terra, até onde remontam os documentos econômicos". Porém, continua a destacar, "o Ocidente tem uma medida de significado e – o que dá fundamento a ela – produziu espécies, formas e correntes do capitalismo que nunca existiram em outras partes". Segundo Weber (2020, p. 14-15), "na Época Moderna, porém, o Ocidente conhece, além desta, uma espécie de capitalismo totalmente distinta que não se desenvolveu em nenhuma localidade da terra: a organização capitalista-racional do *trabalho* (formalmente) *livre*". Foi no Ocidente que surgiu um tipo específico de capitalismo assentado numa ascese laboral de fundo espiritual.[6] De acordo com Schluchter (2014, p. 91), Weber intuiu que "essas correntes [da Reforma] pertencem aos elementos constitutivos da cultura moderna, descrita por ele como uma cultura do profissionalismo".

Para a compreensão desse potente raciocínio, o da valorização religiosa do trabalho e as suas implicações na cultura e na economia ocidental, revisitemos *A ética protestante e o espírito do capitalismo*, que trata da ascensão espetacular do trabalho como um valor, algo até então sem precedentes na história da humanidade.

---

[6] No glossário da edição de *A ética protestante e o espírito do capitalismo*, Pierucci (2011, p. 279-280) define ascese da seguinte forma: "Ascese, ascetismo ou ascética é o controle austero e disciplinado do próprio corpo através da evitação metódica do sono, da comida, da bebida, da fala, da gratificação sexual e de outros tantos prazeres deste mundo. Weber distingue dois tipos principais de ascese: a ascese do monge, que se pratica 'fora do mundo', chamada 'extramundana', e a ascese do protestante puritano, que é 'intramundana' e faz do trabalho diário e metódico um dever religioso, a melhor forma de cumprir, 'no meio do mundo', a vontade de Deus. É por isso que na sociologia de Weber as formas puritanas de protestantismo recebem o rótulo de 'protestantismo ascético'".

## Origens da racionalização do trabalho no capitalismo ocidental

Logo em suas observações iniciais, nos *Ensaios reunidos de sociologia da religião (1917-1920)*, Weber (2020, p. 9-10) comenta: "apenas no Ocidente existiu uma prática especializada e sistemática da ciência – o *homem especializado* instruído – sobretudo: o *funcionário* especializado, a pedra angular do Estado moderno e da economia moderna do Ocidente".[7] Isso foi possível porque no Ocidente se deu uma separação entre economia doméstica e atividade empresarial. Segundo Weber (2020, p. 15), "A organização racional moderna do empreendimento capitalista não teria sido possível sem dois outros importantes elementos de desenvolvimento: a *separação entre economia doméstica* e *atividade empresarial*". É no ocidente "em última instância [que] todas essas singularidades do capitalismo ocidental só obtiveram seu significado hoje com a vinculação à organização capitalista do trabalho" (Weber, 2020, p. 16). A particularidade da economia ocidental se assenta numa organização racional do trabalho livre que se manifesta numa instituição denominada de empresa. Weber (2020, p. 17) chama a atenção para o fato de que

> o conceito de 'burguês' inexistiu por toda parte fora no Ocidente, e assim como o conceito de 'burguesia' inexistiu por toda parte fora no Ocidente moderno [...] Faltou e teve de faltar também o 'proletariado' enquanto classe, porque faltava justamente a organização racional do trabalho livre enquanto empresa.

A questão, portanto, que se coloca é a do

> surgimento do capitalismo *empresarial burguês*, com sua organização racional do trabalho livre. Ou, como expresso o campo da história da cultura: interessa o surgimento da *burguesia* ocidental e da sua particularidade, que decerto se encontra em estreita relação com o surgimento da organização capitalista do trabalho. (Weber, 2020, p. 17-18)

E, aqui, reitera o seu objeto de estudo:

---

[7] Os grifos que aparecem nas citações são do autor, nessa e nas que seguem.

> Racionalizações, por isso, existiram nos mais diferentes domínios do viver, em espécie extremamente distinta, em todos os círculos culturais. Características da sua diferença histórico-cultural são apenas: as esferas e a direção nas quais elas foram racionalizadas. Assim, importante é, de novo, antes de tudo: reconhecer a particularidade específica do racionalismo ocidental e, dentro deste, a do racionalismo ocidental moderno, e explicá-lo em seu surgimento. (Weber, 2020, p. 20)

A inovação de sua pesquisa, contrastando com Marx, é a de que ele não busca apenas na economia as raízes da racionalidade do Ocidente, mas incorpora aquilo que predispõe as pessoas a uma conduta de vida racional que dá legitimidade ao *modus operandi* do sistema econômico. A sua interpelação é o que impele as pessoas a agirem em um determinado sentido. Afirma Weber (2020, p. 20):

> Qualquer tentativa de explicação desse gênero precisa considerar sobretudo as condições econômicas, em conformidade com o significado fundamental da economia. Mas o contexto causal inverso também não pode ficar sem consideração. Pois o raciocínio econômico, em seu surgimento, é em princípio dependente da técnica racional e do direito racional, como também da capacidade e da disposição dos indivíduos para determinadas espécies da conduta de vida prático-racional.

Aqui se encontra uma novidade. Weber não adota o princípio materialista na manifestação do modo produtivo como causal e determinante para a compreensão da gênese da especificidade do racionalismo do capitalismo, como se vê em Marx. Tampouco subestima ou interpreta a religião como mera instrumentalização de alienação. Afirma Weber (2010, p. 12):

> Não somos partidários da tese de que a natureza específica de uma religião seja uma mera 'função' da estrutura social do estrato que se manifesta como seu portador característico, nem que a religião represente a 'ideologia' do estrato, o que 'reflete' os interesses materiais ou ideais do estrato. Pelo contrário, seria um erro fundamental cair exclusivamente nesse tipo unilateral de considerações.

Weber alarga as bases para a compreensão desse evento maior da modernidade [o capitalismo] e anuncia por onde se dará a sua pesquisa e as razões dessa motivação.

> Mas em época passada, por toda parte, as forças mágicas e religiosas e as representações éticas do dever ancoradas em crença relativa às mesmas pertenceram aos mais importantes elementos formadores da conduta de vida. É destes que se trata nos ensaios e complementados a seguir. (Weber, 2020, p. 20)

Posto isso, anuncia a sua hipótese original em seus escritos:

> Para isso são apresentados de início dois estudos mais antigos [*A ética protestante e o espírito do capitalismo* e o artigo 'As seitas protestantes e o espírito do capitalismo'] que buscam, em um importante ponto particular, abordar aquele lado do problema geralmente de mais difícil apreensão: o conhecimento do surgimento de uma 'disposição econômica' – do *ethos* de uma forma econômica – por determinados conteúdos de fé religiosos, e isso a partir do exemplo das relações do *ethos* econômico moderno com a ética racional do protestantismo ascético. (Weber, 2020, p. 21)

A intuição de Weber é de que as denominações religiosas confessionais, notadamente aquelas da Reforma, desempenharam papel fundamental no *ethos* formador da ação racional do indivíduo ocidental e teriam sido decisivas para fomentar determinada "disposição econômica" que deu fôlego e alento para o nascedouro do capitalismo. Essa intuição surgiu de sua percepção acerca da visível diferenciação entre protestantes *versus* católicos na configuração da estratificação social na Alemanha do século XIX.[8] Diferenciação essa que se manifesta no lugar social ocupado pelo empresariado e por trabalhadores especializados. Diz ele:

> Um olhar na estatística ocupacional de um país confessional misto trata de mostrar com notável frequência um fenômeno que foi diversas vezes discutido intensamente na imprensa e na literatura catolicistas e nos Congressos Católicos da Alemanha: o caráter bem predominante

[8] Dirk Kaesler (2014), biógrafo de Weber, comenta que o sociólogo "começou a escrever essa obra [*A ética protestante e o espírito do capitalismo*] justamente em Roma: não é um detalhe. Vivendo cotidianamente o catolicismo, Weber começou a refletir sobre si mesmo e sobre a sua confissão, sobre o protestantismo. É um nexo importante: a Itália vivida por Weber, a leveza dos italianos, a sua vontade de viver o induziram a refletir sobre a sua identidade de prussiano, sobre o protestantismo, sobre o seu 'peso'".

protestante da posse do capital e do empresariado, tanto como o das camadas superiores especializados dos trabalhadores, mas em particular o do pessoal de mais elevada capacidade técnica ou comercial dos empreendimentos modernos. (Weber, 2020, p. 29)

Atesta aqui que os protestantes ocupam um lugar de destaque nas ocupações produtivas da estrutura de funcionamento do capitalismo e associa isso ao processo histórico:

> A participação dos protestantes na posse do capital, na direção e nos escalões superiores do trabalho nos grandes empreendimentos modernos comerciais e industriais, relativamente bem mais intensa, isto é, proeminente em sua porcentagem na população total, certamente remonta em parte a razões históricas encontradas em passado bem longínquo e ante as quais o pertencimento confessional surge não como causa de fenômenos econômicos senão, até certo grau, como consequência dos mesmos. (Weber, 2020, p. 29-30)

Surge então a questão da razão de os protestantes se encontrarem no topo piramidal da estrutura econômica:

> No século XVI, porém, voltara-se ao protestantismo um grande número justamente das regiões mais ricas e economicamente desenvolvidas do Império Alemão [...] Mas surge então a questão histórica: qual razão para uma revolução na Igreja ter essa predisposição particularmente forte das regiões mais desenvolvidas economicamente? (Weber, 2020, p. 30)

Weber percebe que há uma diferenciação entre protestantes e católicos na área educacional; a de que os católicos frequentam proporcionalmente os cursos superiores em quantidade bem menor em relação aos protestantes. De acordo com ele (2020, p. 32),

> o fato de, no todo, a porcentagem de católicos entre os alunos e secundaristas dos estabelecimentos 'superiores' de ensino ficar consideravelmente abaixo da sua proporção geral na população deve mesmo ser atribuído, em parcela significativa, às mencionadas diferenças patrimoniais legadas.

Da mesma forma, atesta que

> também entre os secundaristas católicos, contudo, a porcentagem daqueles que saem dos estabelecimentos modernos especialmente voltados

> e próprios à preparação para estudos técnicos e profissões comerciais-industriais, para uma vida aquisitiva burguesa em geral – *Realgymnasien, höheren Bürgerschulen* etc. – fica abaixo dos protestantes em uma medida notavelmente maior, ao passo que aquela capacitação que os *Gymnasien* humanistas oferecem seja preferida por eles – eis um fenômeno que não se explica por aquelas diferenças, ao qual, por seu lado, inversamente deve-se antes recorrer para a explicação do pouco interesse dos católicos pela atividade aquisitiva capitalista. (Weber, 2020, p. 32)

O que denota tais passagens é que os católicos não manifestam interesse, ao contrário dos protestantes, em uma educação que os prepare para a atividade profissional de caráter aquisitivo econômico; antes disso, preferem as áreas de humanas. Mais determinante ainda é a sua constatação de que os católicos estão em número reduzido, comparado aos protestantes, naquelas atividades que exigem especialização da mão de obra.

> Mas ainda mais marcante é uma observação que ajuda a compreender a reduzida proporção de católicos entre os trabalhadores especializados da grande indústria moderna. O conhecido fenômeno de a fábrica, em forte medida, recrutar sua mão de obra especializada maior [...] entre os aprendizes protestantes do que entre os católicos. (Weber, 2020, p. 32)

Outro fator destacado é o de que "os protestantes, em medida relativamente mais forte, afluem às fábricas para aqui ocupar os escalões superiores dos trabalhadores especializados e do funcionalismo industrial" (Weber, 2020, p. 33). A partir dessas constatações da diferenciação ocupacional entre católicos e protestantes, chega à conclusão de que,

> nesses casos a relação causal sem dúvida se dá de maneira que a *particularidade espiritual adquirida*, e aqui especificamente o direcionamento da educação, este condicionado pela atmosfera religiosa da terra natal e da casa paterna, determinou a escolha da profissão e os outros destinos profissionais. (Weber, 2020, p. 33)

Na sequência, completa:

> Os protestantes [...] enquanto camada tanto dominante como dominada, tanto como maioria como enquanto minoria, demonstraram uma

inclinação específica ao racionalismo econômico a qual não era nem é de observar entre os católicos na mesma maneira, nem em uma, nem na outra situação. (Weber, 2020. p. 34)

Logo, a explicação, o nexo causal que fomenta esse espírito empreendedor de busca pelas melhores ocupações profissionais, condutoras de um maior poder aquisitivo, encontra-se naquelas denominações religiosas originárias da Reforma, particularmente no luteranismo, no calvinismo, e nas demais denominações e movimentos como os quakers, menonitas e pietistas. Ainda sem desenvolver a fundamentação teológica dessas denominações, Weber já anuncia que, particularmente, uma delas é vigorosa nessa perspectiva: o calvinismo. Segundo ele, "o calvinismo [...] na comparação com outras confissões, parece ter sido profícuo ao desenvolvimento do espírito capitalista – isso mais do que o luteranismo, por exemplo, tanto no geral quanto no particular" (Weber, 2020, p. 38). Weber, porém, chama a atenção para o fato de que o calvinismo e as suas similares, como os quakers, os menonitas e os pietistas, não permitem uma leitura apressada de que estimulam o ganho pelo ganho, a busca irrefreada pelo dinheiro ou mesmo uma valoração daquilo que posteriormente se associou à modernidade mundana. Os calvinistas, os quakers, os menonitas e os pietistas

> [...] mostram, todos, uma coisa: o 'espírito do trabalho', do 'progresso', ou como quer que ele ainda seja denominado, cujo despertar se está inclinado a atribuir ao protestantismo, não deve ser compreendido, ao contrário do que costuma ocorrer hoje, como 'alegria com o mundo' ou, de qualquer outro modo, no sentido 'iluminista'. O antigo protestantismo de Lutero, Calvino, Knox, Voet, tinha muito pouco a ver com o que hoje se chama de 'progresso'. Ele se colocava de modo diretamente hostil perante aspectos inteiros da vida moderna dos quais o confessional mais extremo não haveria mais, hoje, de prescindir. Portanto, se a princípio deve ser encontrada alguma afinidade intrínseca de determinadas cunhagens do espírito protestante antigo com a cultura capitalista moderna, temos de tentar buscá-la, a bem ou mal, não em sua (suposta) 'alegria com o mundo' mais ou menos materialista ou mesmo antiascética, senão, antes, em seus traços puramente religiosos. (Weber, 2020, p. 39)

Weber (2020, p. 39) postula, portanto, o seu objeto de pesquisa: "[...] será necessário buscar perscrutar a particularidade característica e as diferenças daqueles grandes mundos de ideias religiosos que nos são historicamente dados nas distintas cunhagens da religião cristã". Weber defende a tese de que há uma emanação religiosa que alimenta o capitalismo, está na sua origem e é base da sua racionalidade, denominada de *espírito do capitalismo*. Esse espírito se manifesta no trabalho, numa determinada concepção e forma de viver a atividade profissional. O *leitmotiv* desse espírito é dado pela religião.

Weber, para corroborar a tese de que há um *ethos* que marca distintivamente esse capitalismo, vale-se de Benjamin Franklin,[9] cujos escritos propagam uma orientação de vida voltada à aquisição financeira resumida na expressão "Tempo é dinheiro". A particularidade dos escritos de Franklin interessa a Weber (2020, p. 41) por duas razões: a primeira, porque "contém aquilo que importa aqui em princípio e oferece ao mesmo tempo a vantagem de estar apartado de toda relação direta com o religioso, portanto a vantagem de ser – relativamente ao nosso tema – 'isento de pressupostos'". Weber destaca que Franklin se reconhecia como deísta. A segunda razão e ainda mais importante, os escritos de Franklin se manifestam em uma época e localidade em que sequer o capitalismo tinha amadurecido: "[...] ao menos na terra natal de Benjamin Franklin (Massachusetts) o 'espírito do capitalismo' (no sentido aqui adotado) sem dúvida existiu antes do 'desenvolvimento do capitalismo'" (Weber, 2020, p. 48). Weber comenta que os estados sulistas dos EUA, em que pese terem recebido grandes aportes de investimentos por "grandes capitalistas com fins comerciais", tiveram um desenvolvimento mais lento quando comparados com os Estados do Norte que foram fundados "por pregadores e *graduates* em associações com pequeno-burgueses, artesãos

---

9 Benjamin Franklin (1706-1790), estadunidense, nascido em Boston, reconhecido por sua atuação em várias áreas como a religiosa, a política, a econômica, a literária e a científica (ciências exatas).

de ofício e *yeomen*, por razões religiosas" (Weber, 2020, p. 48).[10] Portanto, Franklin já é portador de um espírito do capitalismo e evoca-o, antes que ele se apresente em sua maturidade. Esse espírito do capitalismo de que fala Weber, sem ainda ter "existido", é testemunhado por Franklin, que interpela todos à dedicação integral a uma vida econômica como uma "máxima eticamente matizada da conduta de vida" (Weber, 2020, p. 44). A ética, o *ethos*, o espírito do capitalismo anunciado por Franklin é resumido por Weber da seguinte forma:

> Antes, o *summuns bonum* dessa ética é sobretudo: a aquisição de dinheiro e sempre mais dinheiro, sob o evitamento mais rigoroso de todo fruir desimpedido, tão completamente despojada de todos os aspectos eudemonísticos, tão puramente pensada como um fim em si mesmo, que, em comparação com a 'felicidade' ou com o 'proveito' do indivíduo particular, ela surge como algo ao menos completamente transcendente e simplesmente irracional. Para o ser humano, a aquisição é finalidade do seu viver, não meio para o fim da satisfação das suas necessidades materiais de vida. (Weber, 2020, p. 46)

A referência a Franklin, estadunidense e, portanto, distante da realidade europeia, tem um nexo causal que interessa a Weber para reforçar a sua tese da ascese no trabalho como fonte do espírito do capitalismo. O nexo causal descrito por Weber (2020, p. 46) é o seguinte:

> Ao ser perguntado especificamente sobre o porquê, afinal, de se dever fazer 'dos homens, dinheiro', Benjamin Franklin [...] responde à questão em sua autobiografia com um provérbio bíblico que, como ele diz, seu pai, calvinista estrito, teria estado sempre a lhe imprimir na juventude: 'Vês um homem exímio em sua profissão? Diante de reis ele deveria estar'.

Aqui, já se estabelece a tese provisória de Weber (2020, p. 46), sem sequer, ainda, ter fundamentado a teologia protestante oriunda da Reforma:

[10] Aqui Weber faz uma "provocação" ao marxismo ao destacar que não foram necessariamente as forças produtivas (infraestrutura) que desenvolveram o capitalismo. Diz ele: "Nesse caso, portanto, a relação causal é no mínimo inversa à que seria de se postular desde o ponto de vista 'materialista'" (Weber, 2020, p. 48).

> Dentro da ordem econômica moderna, a aquisição pecuniária – desde que se dê de forma legal – é o resultado e a expressão da competência na profissão, e essa competência é, como agora se há de reconhecer sem dificuldade, o verdadeiro alfa e ômega da moral de Franklin.

## A Reforma Protestante e a mudança da concepção religiosa do valor do trabalho

A potência desse novo *ethos* é revolucionária, uma vez que, historicamente, do ponto de vista da cristandade, o trabalho era desprezado e considerado aviltamento da condição humana. Por isso Weber (2020, p. 48-49) diz que

> uma disposição expressada nas observações citadas de Benjamin Franklin, e que encontrou a aprovação de todo um povo, teria sido proscrita tanto na Antiguidade quando na Idade Média como expressão da mais sórdida avareza e de uma disposição pura e simplesmente indecorosa.

Esse registro de que o trabalho era menosprezado até o evento da Reforma é importante porque dá significado maior à "descoberta" de Weber. Até então, em toda a sua história, o trabalho era considerado de maneira ambivalente. O trabalho era indispensável para a reprodução biológica e social da humanidade, mas era indesejável. Sobre ele pesava uma condição de castigo e anulação da individualidade das pessoas. Na Idade Média, o trabalho é pouco valorizado, não está no centro das relações sociais, não é reconhecido socialmente e é visto com menosprezo. Até então prevalece o paradigma grego do lugar social do trabalho, segundo o qual este não é portador de um sentido para a vida, porque não é eixo condutor da práxis da transformação social (Arendt, 2002). O trabalho ocupa o último lugar, o lugar do não reconhecimento, da não identidade, porque, na sociedade antiga, o trabalho não mediatiza as relações sociais. É nulo, não altera a condição de vida e a condição social. A desqualificação da condição de quem trabalha, no período medievo, encontra parte de sua explicação fundante na cosmovisão de determinada interpretação religiosa da narrativa de criação do mundo – a cristandade, uma exegese que vê no trabalho a punição pelo pecado original. Nessa interpretação, que se vale da leitura do Gênesis,[11] o homem a quem foi incumbido o zelo pelo jardim do Éden arrostou a pretensão de ser como Deus, e por isso foi punido. Expulso do paraíso, foi submetido ao fardo do trabalho. De jardineiro e guardião da Criação de Deus, onde tudo era gratuito, foi transformado em trabalhador braçal que, agora, precisa, através do seu esforço, buscar a sobrevivência. O trabalho como danação, maldição e expiação – "Comerás o pão com o suor do teu rosto" (Gênesis. 3, 19) – é a sentença definitiva. No Novo Testamento, Paulo reafirma que "quem não trabalha, não come" (Novo Testamento 3, 10) e, durante muito tempo, assim será visto o trabalho. Sobre ele recai a maldição do castigo. Weber (2020, p. 66) destaca que, até o surgimento da Reforma, "a doutrina dominante rejeitou o 'espírito' da atividade aquisitiva capitalista como *turpitude*, ou ao menos não logrou valorá-lo positivamente. [...] uma visão 'moral' como a de Benjamin Franklin teria sido simplesmente impensável". Até então a atividade econômica colida também com a

> proibição eclesial da prática de usura; quando da morte de gente rica, como as fontes mostram, somas bem consideráveis afluíam a institutos eclesiásticos como 'pecúnia de consciência', sob circunstâncias também de volta a antigos devedores como usura tomada injustamente dos mesmos. (Weber, 2020, p. 66)

Nesse ponto reside a contribuição original de Weber. A de mostrar que é por meio da Reforma Protestante que o trabalho assume verdadeiramente um *status* de importância e valoração que não existia anteriormente. O sociólogo alemão pergunta-se: como é que o trabalho de desprezível doravante passa a referência por excelência de conduta moral?

[11] O Gênesis é o primeiro livro da Bíblia e faz parte do *Pentateuco* (os cinco primeiros livros bíblicos).

> Como, então, a partir dessa conduta no melhor dos casos moralmente tolerada, adveio uma 'profissão' no entendimento de Benjamin Franklin? Como é explicável historicamente que no centro do desenvolvimento capitalista [...] logrou ser considerado intento de uma conduta de vida moralmente louvável, até mesmo recomendada. (Weber, 2020, p. 67)

Ou posto de outra forma: "De qual círculo de ideias se originou então a subsunção, à categoria 'vocação' (perante a qual o indivíduo se sentia *vinculado pelo dever*), de uma atividade que, de forma manifesta, voltava-se puramente ao ganho"? (Weber, 2020, p. 67). E aqui vaticina sua assertiva: "Pois foi esse pensamento que conferiu base e substrução ética à conduta de vida do empresário de 'estilo novo'" (Weber, 2020, p. 67). Daqui para frente, em *A ética protestante e o espírito do capitalismo*, Weber empreende a busca pela compreensão do racionalismo que repousa na concepção de trabalho que tanto influenciou o capitalismo ocidental.

> O 'racionalismo' é um conceito histórico que abrange um mundo de contradições, e haveremos de investigar justamente de qual espírito foi gerada aquela forma concreta de viver e do pensar 'racionais' do qual resultou essa ideia de 'vocação profissional' e aquele entregar-se – como vimos tão irracional desde o ponto de vista do interesse próprio eudemonístico – ao trabalho profissional, que era e segue sendo um dos componentes mais característicos da nossa cultura capitalista. (Weber, 2020, p. 69-70)

Essa nova configuração do trabalho como afirmação do ser humano, de vida virtuosa, como valor desejável e necessário sinal de reconhecimento se inicia com Lutero e a sua tradução da Bíblia,[12] vertida para o alemão em 1522. Lutero teve uma influência decisiva na concepção

[12] Martinho Lutero (1483-1546), teólogo alemão, considerado o pai espiritual da reforma protestante, cujo marco inicial se dá com a publicação de suas 95 teses, em 1517, na porta da Igreja do Castelo de Wittenberg (Alemanha). Suas teses contestavam a doutrina da Igreja Católica e sugeriam uma profunda reforma no catolicismo. O seu movimento foi apoiado por vários religiosos e governantes europeus, provocando uma revolução religiosa em vários países da Europa. Lutero foi ainda o autor da primeira tradução da Bíblia para o alemão.

do significado do trabalho, quando, na tradução para o alemão do Novo Testamento, não traduziu a palavra trabalho como *arbeit*, que se resume a atividades e tarefas do labor, de trabalho manual; mas ampliou o seu conceito traduzindo-a como *Beruf* [profissão].[13] *Beruf*, que era "até aquele momento reservado apenas às vocações religiosas, assume com ele uma nova extensão: designa a tarefa que cada um recebe de Deus aqui na terra conforme o estatuto [*Stand*] que ocupa na sociedade" (Willaime, 2005, p. 67).

Weber (2020, p. 70) comenta da seguinte forma a tradução de Lutero:

> É inequívoco, pois, que na *palavra* alemã *Beruf*, assim como de maneira talvez ainda mais clara na inglesa *calling*, no mínimo já ressoe uma representação religiosa – a de uma *missão* conferida por Deus – e quanto mais enfaticamente dermos tônica à palavra no caso concreto, mais ela se faz sentir.

Até então, os povos hegemonicamente católicos "não conhecem nenhuma expressão de matriz semelhante para designar isso que chamamos [em alemão] de '*Beruf*' (no sentido de posição de vida, campo de trabalho delimitado), ao passo que ela existiu junto a *todos* os povos predominantemente protestantes" (Weber, 2020, p. 70). De acordo com Schluchter (2014, p. 101), "Weber interessa-se, pois, pela questão de como a profissão mundana recebeu uma valorização ética, de que forma o trabalho tornou-se profissão [*Beruf*] e, mais importante ainda, de como a profissão [*Beruf*] tornou-se vocação [*Berufung*]". Irrompe-se aqui uma novidade que terá inflexões significativas na teologia cristã. Com a Reforma, muda-se o sentido do trabalho.

> Absolutamente novo era em princípio uma coisa: a apreciação do cumprimento do dever dentro das profissões mundanas enquanto intento

---

[13] Há traduções que dão o significado de *beruf* como "vocação". Segundo Sell, na apresentação à edição brasileira do livro de Schluchter (2014, p. 17), "de fato, ocorre que em alemão *Beruf* designa literalmente 'profissão' e distingue-se do substantivo *Berufung*, este sim expressando 'chamado' ou 'vocação'".

> mais elevado que o exercício moral próprio poderia assumir no geral. Foi isso o que a ideia do significado religioso do trabalho cotidiano mundano teve como consequência inevitável e produziu, pela primeira vez nesse sentido, o conceito de *Beruf*. (Weber, 2020, p. 71)

Essa concepção nova do sentido do trabalho provoca uma ruptura com o conceito que se tinha até então. Como vimos, o trabalho na Idade Média era considerado expiação e purgação do pecado original. Trabalhar era condição indigna. Essa interpretação começará a se alterar lentamente com Santo Agostinho[14] e Tomás de Aquino.[15] Santo Agostinho será um dos primeiros que relativizará a miséria do gênero humano advinda do trabalho ao propor uma releitura do Gênesis, como

> a ideia de uma agricultura praticada no paraíso por Adão antes do pecado original: uma atividade isenta do peso do esforço, correspondendo à 'vontade racional' – *rationalis voluntas* – e oferecendo ao espírito 'o deleite dos pensamentos superiores' – *supernarum cogitationum delectatio*. (Salamito, 2005, p. 43)

Agostinho já não apresenta o trabalho como o resultado de uma maldição divina consecutiva ao pecado original, mas como o livre exercício de sua razão e oportunidade para louvar a Deus. Santo Agostinho "atenua, implicitamente, as oposições – antigas e, posteriormente, depois dele, medievais – entre as atividades braçais e as atividades intelectuais, entre a ação e a contemplação" (Salamito, 2005, p. 46). Faz ainda uma argumentação sobre a responsabilidade individual no trabalho, e que este pode ser expressão do bem ou do mal, recusando a ideia do pecado original. A sua tese é de que o homem pode melhorar com o trabalho que realiza,

---

[14] Agostinho de Hipona, conhecido como Santo Agostinho (354-430), foi um dos mais destacados teólogos e filósofos nos primeiros séculos do cristianismo. As suas principais obras são *A cidade de Deus* e *Confissões*.

[15] Tomás de Aquino (1225-1274), frade da ordem dos dominicanos, é um dos precursores da Escolástica, escola hegemônica nas universidades medievais europeias na qual a fé cristã e a sua teologia dialogam com a filosofia grega e o pensamento racional, procurando uma abordagem explicativa da totalidade da vida humana. *Summa Theologica* é a sua principal obra.

porque, no conceito de trabalho agostiniano, há um sujeito. São Tomás de Aquino, por sua vez, contribuirá para a valorização do trabalho na medida em que proclama uma teologia que afirma o ser humano como expressão do Deus Criador e reconhece, nas suas ações, inclusive no trabalho humano, uma forma de manifestação da vontade do Criador. Em Tomás de Aquino, o ser humano é espiritual e material ao mesmo tempo. A sua tese se opõe a um cristianismo por demais espiritualista, que exagerava no papel de Deus e aniquilava a criatura. Na sua cosmovisão, o trabalho não precisa ser necessariamente expiação, mas pode assumir um caráter de contemplação e até mesmo de reconhecimento do Criador. Observe-se que, particularmente nesse período, proliferam as ordens mendicantes que pregam um modo de vida frugal. Qualquer iniciativa de acumulação, de amealhar bens, é condenável. Ilustrativo, nesta perspectiva, é a condenação da riqueza ganha através da usura. A condenação deve-se ao fato de que, por detrás dessa prática, não há trabalho. A usura alimenta a ociosidade, a ambição e o desrespeito àqueles que trabalham. O usurário

> age contra o plano do Criador. Os homens da Idade Média viram antes de tudo no trabalho o castigo do pecado original, uma penitência. Depois, sem negar essa perspectiva penitencial, valorizaram cada vez mais o trabalho, instrumento de resgate, de dignidade, de salvação; colaboração à obra do Criador, que, depois de ter trabalhado repousou no sétimo dia. Trabalho, querida preocupação, que é preciso separar da alienação, para dele fazer, individual ou coletivamente, o difícil caminho da libertação. (Goff, 1989, p. 43)

Será apenas por meio da Reforma iniciada por Lutero que se alterará radicalmente a visão teológica sobre o trabalho.

> No conceito '*Beruf*', portanto, é expresso aquele dogma central, próprio a todas as denominações protestantes, que condena a distinção católica dos mandamentos morais cristão em *praecepta* e *consilia* e conhece como único meio de viver de modo aprazente a Deus não uma suplantação da moralidade intramundana pela ascese monástica senão exclusivamente o cumprimento dos deveres intramundanos tal como decorrentes da posição de vida do indivíduo, a qual, justamente por isso, tornou-se sua 'vocação'. (Weber, 2020, p. 71)

Weber (2020, p. 72) dá a dimensão do significado desse novo enunciado teológico do trabalho afirmando: "essa qualificação moral da vida profissional mundana ter sido uma das realizações de maiores implicações da Reforma, e portanto em especial de Lutero, é algo de fato incontestável e que permite ser considerado, pouco a pouco, lugar-comum". Entretanto, alerta (2020, p. 73): "Lutero não deve ser tido como intrinsecamente afínico ao espírito capitalista no sentido que relacionamos até aqui com essa palavra – tampouco, aliás: em um outro sentido qualquer". Weber (2020, p. 74) tem presente que Lutero está distante ainda daquilo que posteriormente se afirmou como o "espírito do capitalismo":

> Em contraste, nas inúmeras declarações de Lutero contra a usura e contra a cobrança de juros em geral, manifesta-se de forma inequívoca o modo diretamente 'atrasado' (do ponto de vista capitalista) como ele, em comparação com a escolástica tardia, pensa a essência da atividade aquisitiva capitalista.

O autor destaca que a ambição material desmedida é condenada por Lutero: "a ambição de ganho material que exceda as próprias necessidades deve ser considerada, por essa razão, como sintoma de ausência do estado de graça e diretamente como condenável, visto que, afinal, ela parece ser possível às custas dos outros" (Weber, 2020, p. 74). A contribuição de Lutero, destaca Weber (2020, p. 74), reside no fato de que "o feito da Reforma enquanto tal foi de início apenas que se intumesceram fortemente o acento moral e o *prêmio* religioso pelo trabalho intramundano ordenado conforme a profissão, em contraste com a concepção católica". Para Lutero, "a profissão concreta do indivíduo todavia se torna ao mesmo tempo, cada vez mais, uma ordem especial divina para o último assumir *esta* posição concreta que o desígnio de Deus lhe indicou" (Weber, 2020, p. 75-76). Essa interpretação é destacadamente inovadora, porém, registra Weber (2020, p. 76) que, em Lutero,

> o conceito *Beruf* permaneceu [...] vinculado ao tradicionalismo. A vocação é aquilo que, enquanto desígnio divino, o indivíduo tem de *aceitar*,

> ao que ele há de se 'destinar' – esse matiz prevalece sobre a outra ideia, também existente, de que o trabalho profissional seria uma ou, antes, a missão conferida por Deus.

Em que pese a teologia de Lutero ainda não sustentar a tese do espírito do capitalismo, ela não é menos importante, como registra Weber (2020, p. 77-78):

> Mas com isso não é dito de modo nenhum que também a forma luterana da reordenação da vida religiosa não tivesse possuído nenhum significado prático para os objetos da nossa consideração. Muito pelo contrário. Só que ele claramente não é imediatamente derivável da posição de Lutero e da Igreja com relação à profissão mundana nem se permite aprender facilmente no geral, ao contrário de como talvez possa ser o caso em outras cunhagens do protestantismo.

É a partir de Calvino que as coisas mudam de patamar. Destaca Weber (2020, p. 78):

> desde sempre e até a presente época, o catolicismo considerou o calvinismo como o verdadeiro opoente. Em princípio isso tem razões a rigor puramente políticas: se a Reforma não é concebível sem o desenvolvimento religioso bem pessoal de Lutero e foi definitivamente determinada nos aspectos espirituais por sua personalidade, sua obra decerto não teria sido de manifesta perduração sem o calvinismo.

Weber vai ainda mais longe e destaca que o descontentamento com o calvinismo não é apenas esposado por católicos, mas também pelos luteranos e por uma razão específica. Segundo ele (2020, p. 78),

> a razão de repulsa, comum a católicos e luteranos, está certamente fundada na [...] particularidade ética do calvinismo. O olhar superficial já instruiu que aqui é estabelecida uma relação entre vida religiosa e agir terreno de espécie bem distinta se comparada à encontrada tanto no catolicismo como no luteranismo.

## O CALVINISMO E A NOVA ÉTICA NO TRABALHO

É com o calvinismo que se instala com força um novo *ethos* de vida comportamental que se sustenta numa ascese de vida cultivada sobretudo no trabalho. Será essa ascese o sopro do espírito do capitalismo. Curiosamente, porém, ao contrário do que muito se pensa, o calvinismo não permite uma leitura aligeirada de que ele é portador da desmesurada liberdade para a livre aquisição de dinheiro. Weber (2020, p. 80) frisa isso ao afirmar que

> se partirmos das construções de Calvino e de outras seitas 'puritanas' quando da investigação das relações entre a ética protestante antiga e o desenvolvimento do espírito capitalista, isso não deve ser compreendido como se esperássemos encontrar em um dos fundadores [...] o despertar disso que aqui chamamos de 'espírito capitalista'.

O fundamento teológico primeiro do calvinismo reside, como nas demais denominações, na busca da salvação; porém, a teologia da predestinação do calvinismo – que veremos à frente – desaguou numa imprevisibilidade que fomentará o capitalismo. O que é originário e precípuo no calvinismo é, segundo Weber (2020, p. 80-81),

> A salvação da alma, e somente ela, era o ponto crucial do seu viver e atuar. Seus objetivos éticos e os efeitos práticos da sua doutrina estavam todos ancorados aqui e eram apenas consequências de motivos puramente religiosos. E, por essa razão, devemos considerar que os efeitos culturais da Reforma, em boa parte – talvez até predominante, para nossos pontos de vista especiais –, foram consequências imprevistas e mesmo não intencionadas do trabalho dos reformadores, frequentemente bem alheios ou até em oposição a tudo que eles próprios tinham em mente.

O que Weber quer dizer é que os reformadores estabeleceram uma doutrina que escapou aos fins definidos, ou seja, em função de seu *ethos* subjacente, ela desaguou em outras atitudes de vida que não necessariamente as esperadas e previsíveis. Weber, então, dedica-se com afinco à análise e interpretação da fundamentação teológica do dogma salvífico do calvinismo e das denominações congêneres, mas antes faz um alerta, o de que não devemos nos iludir ou ser ingênuos em considerar que o espírito do capitalismo advenha apenas ou tão somente da Reforma: "O fato de certas *formas* importantes do empreendimento comercial capitalista serem notoriamente bem *mais antigas* do que a Reforma já obstaria, de uma vez por todas, tal visão" (Weber, 2020,

p. 82). O seu interesse resulta sobretudo em averiguar "até que ponto influências religiosas tiveram *co*participação na cunhagem qualitativa e na expansão quantitativa daquele 'espírito' pelo mundo, e quais aspectos concretos da *cultura* assentada sobre base capitalista remontam a elas" (Weber, 2020, p. 82); e "com isso será ao mesmo tempo elucidada, na medida do possível, a espécie e a direção geral em que o movimento religioso, em virtude de tais afinidades eletivas, exerceu influência sobre o desenvolvimento da cultura material" (Weber, 2020, p. 82).

Weber passa, então, a abordar os fundamentos religiosos da ascese intramundana que deram origem à ética profissional, a base do espírito da racionalidade do capitalismo. O autor começa catalogando as denominações que foram decisivas para o surgimento da ascese intramundana. Segundo ele (2020, p. 83), "os expoentes históricos do protestantismo ascético (no sentido aqui usado da expressão) são principalmente de quatro espécies: 1) o calvinismo[...];[16] [...] 2) o pietismo;[17] 3) o metodismo;[18] 4) as seitas provenientes do movimento anabatista".[19] Weber está interessado, aqui, no comum a todas elas e

[16] Movimento religioso com raízes na Reforma Protestante que tem como referência João Calvino (1509-1564). Em sua origem tinha como doutrina central a purificação da pessoa por meio de uma conduta de vida orientada pela ascese. Para além dos indivíduos, porém, buscava também a reconstrução da sociedade e do Estado. Ao longo do texto, há várias referências ao calvinismo e, particularmente, de sua teologia da predestinação que influenciou fortemente amplos setores sociais.

[17] Movimento que surge do interior do luteranismo a partir da segunda metade do século XVII. De acordo com Pierucci (2011, p. 287), o pietismo, "contra o dogmatismo intelectualista dos teólogos e a ortodoxia doutrinária da Igreja oficial, valorizava uma religiosidade prática de caráter íntimo e fervoroso. Mais do que a teologia, importa a 'piedade cristã': uma conduta de vida centrada na experiência da fé, sentida mais do que pensada, aliada à mais rigorosa conduta moral".

[18] Movimento liderado por John Wesley (1703-1791) no interior da Igreja Anglicana. Segundo Pierucci (2011, p. 286), "Wesley levava com seu grupo de seguidores uma vida de busca religiosa metódica, com hora certa para tudo. Como gostavam de fazer tudo com método e minúcia, logo levaram o apelido de 'metodistas'".

[19] Nome com que ficaram conhecidas diversas seitas protestantes no século XVI na Europa. Segundo Pierucci (2011, p. 278), "o antepositivo *aná* é um advérbio grego

comenta que, embora em algum momento tenham se separado do mesmo tronco – da Reforma – em função de nuances na forma de interpretar o dogma da Salvação, guardam mais semelhanças do que diferenças e, particularmente naquilo que lhes interessam as bases da conduta moral de vida, guardam uma mesma conformidade. Vejamos o que diz Weber (2020, p. 84):

> As diferenças dogmáticas, mesmo as mais importantes, como as referentes à doutrina da predestinação e da justificação, assumiam entre elas as mais variadas combinações e impediram, já no início do século XVII, a conservação da unidade comum eclesial, isso de fato em regra, mas a rigor sem exceções. E, acima de tudo: os fenômenos próprios à conduta moral de vida, importantes para nós, são encontradas em igual espécie entre os adeptos das mais distintas denominações provenientes de alguma das quatro fontes indicadas acima ou de alguma combinação de várias delas. Veremos que máximas éticas semelhantes podiam estar vinculadas a diferentes bases dogmáticas.

A par dessa constatação, o autor anuncia o que enfatizará na interpretação da leitura teológica dessas denominações religiosas. O que interessa para Weber não é conhecer os dogmas dessas religiões apenas por conhecer, mas sim o que delas emanam no sentido de estimular determinada conduta de vida.

> Nos importa não o que fosse porventura instruído teórica e oficialmente em compêndios éticos do período – por mais que estes certamente tivessem significado prático por influência da disciplina eclesiástica, da cura de almas e da pregação – senão algo totalmente distinto: a averiguação daqueles estímulos psicológicos que, criados pela fé e pela práxis da vida religiosa, indicavam a direção da conduta de vida e atinham o indivíduo a ela. (Weber, 2020, p. 85)

---

que significa, entre outras coisas, 'de novo', 'outra vez'. Anabatismo, portanto, quer dizer 'rebatismo'. Mais do que à palavra da Sagrada Escritura e à teologia, davam importância à iluminação imediata do Espírito, a chamada 'luz interior'. Cada Igreja é uma comunidade de santos ativos, se não iluminados, ilumináveis, voluntariamente assumida pelos regenerados que, por isso mesmo, devem ser rebatizados com adultos que são".

Weber começa a sua investigação pelo calvinismo, a denominação que foi mais longe na determinação de uma nova ética do labor e que valorou o trabalho em uma proporção sem precedentes até então. A doutrinação calvinista está no substrato do espírito capitalista que se desenvolveu no Ocidente, particularmente em alguns países. Segundo Weber (2020, p. 85-86),

> A fé em torno da qual se empreenderam as grandes lutas políticas e os grandes conflitos com caráter de *Kulturkampf* nos territórios de cultura mais desenvolvidos em termos capitalistas nos séculos XVI e XVII – Países Baixos, Inglaterra e França –, e para a qual, por essa razão, nos voltamos primeiro, foi o calvinismo. Como seu dogma mais característico era considerado à época, e se considera também hoje em geral, a doutrina da predestinação.

É a partir dessa constatação que Weber se dedica à hermenêutica da fundamentação de Calvino. A compreensão da doutrina calvinista, particularmente do dogma salvífico da predestinação, é determinante se se quer compreender a conformação do *ethos* que orientará a conduta de vida dos seus seguidores e que tanto irá beneficiar indiretamente o capitalismo. Logo, diz Weber (2020, p. 87-88): "Não podemos passar ao largo desse dogma [...] tomaremos conhecimento do seu conteúdo de forma autêntica com base nos artigos da Confissão de Westminster (1647)". Weber destaca alguns extratos da Confissão de Westminster[20] que dão sustentação ao dogma da predestinação.[21] O que emerge dessa leitura é o núcleo duro do dogma da predestinação que vaticina que Deus decidiu desde o primeiro momento quem, entre os crentes, compartilharia a salvação e quem seria condenado. Esse dogma afirma

[20] A Assembleia de Westminster foi o concílio convocado pelo Parlamento Inglês para restaurar a Igreja da Inglaterra. Durou de 1643 a 1649 e leva esse nome por que suas sessões ocorreram na abadia de Westminster, em Londres. De acordo com Pierucci (2011, p. 281), "em 33 capítulos, a Confissão de Westminster apresenta um compacto completo da fé calvinista e, até hoje, apesar dos adendos e revisões que vieram com o tempo, não perdeu sua preeminência como a mais venerável enunciação já feita dos conteúdos básicos da doutrina de fé da Igreja reformada".

[21] Cf. estratos da *Confissão de Westminster* em Weber (2020, p. 87-88).

que não há absolutamente nada que possamos fazer para nos salvar, porque é Deus, em sua discricionariedade e providência, que define quem será salvo e, nessas condições, não resta alternativa a não ser travar uma luta diária – por meio da ascese no trabalho – para fazer jus à possível escolha de ser um dos eleitos de Deus. Acerca desse dogma de orientação calvinista, comenta Weber (2020, p. 90):

> Não é Deus que existe para os homens, senão que estes existem para Deus, e todo acontecimento – portanto também o fato, indubitável para Calvino, de que apenas uma pequena parte dos homens é chamada à bem-aventurança – pode ter seu sentido exclusivamente como meio para o fim da autoglorificação da majestade de Deus.

Em Calvino, "sabemos apenas: que uma parte dos homens é abençoada, uma outra permanece condenada" (Weber, 2020, p. 90), levando-se em conta "que seus decretos se encontram estabelecidos de forma inalterável, a graça de Deus é tão inamissível para aqueles a quem Ele a confere como inalcançável para aqueles a quem Ele recusa" (Weber, 2020, p. 91). As consequências da doutrina da predestinação foram devastadoras. As pessoas que a esposaram foram jogadas numa incerteza dilacerante, passaram a alimentar a dúvida cruel, se seriam contempladas pela salvação ou seriam relegadas à danação eterna. Segundo Weber (2020, p. 91),

> Em sua patética imunidade, essa doutrina há então de ter logrado sobretudo um resultado para a índole de uma geração que se rendeu à sua grandiosa consequência: um sentimento de inaudita solitude interior do indivíduo particular. Na questão de vida mais decisiva para os indivíduos do tempo da Reforma – a eterna bem-aventurança – o ser humano era instruído a traçar sozinho seu rumo, ao encontro de um destino estabelecido desde a eternidade.

Daqui para a frente, a vida se torna angustiante, porque não há absolutamente nada em que se possa agarrar para garantir a salvação. É aterrador, porque

> Ninguém podia ajudá-lo. Nenhum pregador [...] nenhum sacramento [...] nenhuma Igreja [...]. Finalmente, também: nenhum Deus – pois

mesmo Cristo morreu apenas para os eleitos, aos quais Deus resolvera, desde a eternidade, dedicar sua morte por sacrifício voluntário. (Weber, 2020, p. 91)

Aqui se dá o processo de *desencantamento do mundo*,[22] esse conceito bastante conhecido de Weber que assume o caráter de afastamento de tudo aquilo que se manifesta em ações e gestos de caráter ritualístico, no caso específico os sacramentos das confissões religiosas como mediação para obtenção da graça e da salvação. Trata-se da

> absoluta supressão da salvação eclesiástico-sacramental (no luteranismo ainda não consumada em todas as consequências, de modo nenhum), era aquilo de absolutamente determinante em comparação com o catolicismo. Aqui encontrava seu termo aquele grande processo histórico--religioso do desencantamento do mundo. (Weber, 2020, p. 91-92)

Doravante "não havia não apenas nenhum meio mágico senão nenhum meio geral para conferir a graça de Deus àquele a quem o mesmo decidira negá-la" (Weber, 2020, p. 92). Esse *desencantamento do mundo*, ou seja, a evidência de que não há mediações negociáveis para a obtenção da salvação, levou a uma intramundanidade não conhecida como experiência espiritual. Até então, a cristandade, em sua versão hegemônica catolicista, valia-se de um arsenal de rituais, sacramentos, santos e orações que serviam à mediação com o transcendente. Dora-

[22] Segundo Schluchter (2005, p. 35-36), "o conceito 'desencantamento do mundo', ou melhor, o conceito antônimo ao 'encantamento do mundo', tem dois significados distintos na obra de Weber. O primeiro é de natureza histórico-religiosa. Neste caso, desencantamento significa desenfeitiço dos meios salvíficos. É nesse sentido que o conceito é utilizado na segunda edição dos estudos sobre a ética protestante. O segundo significado, entretanto, é de natureza histórico-científica e deve ser distinguido rigorosamente do primeiro. Aqui, desencantamento significa o processo pelo qual o mundo é transformado, por meio da ciência moderna, sobretudo, das modernas ciências exatas, em um mecanismo causal. Dessa forma, desencantamento é sinônimo de secularização, não se referindo mais a um processo intrarreligioso, mas sim a um processo que se volta, em parte, também contra a religião. No entanto, nos dois casos, o conceito permanece com aspectos de metáfora que remetem a processos mais complexos, ainda não 'concebidos' e que teriam de ser melhor analisados".

vante, ao menos nessas confissões de orientação calvinista, exorta-se uma espiritualidade intramundana em oposição à espiritualidade extramundana. Trata-se agora também de certa ruptura com a vida comunitária na qual são praticados e vivenciados os sacramentos e a admissão de que o cultivo à santificação se faz sobretudo de maneira individual. Diz Weber (2020, p. 92):

> Esse isolamento interior do ser humano explica por um lado a posição absolutamente negativa do puritanismo com relação a todos os elementos de ordem sensível-sentimental na cultura e na religiosidade subjetiva – porque são desnecessários à salvação e fomentadores de ilusões sentimentais e de superstições divinizadoras da criatura – e, com ela, sua posição relativa à evitação fundamental de toda cultura dos sentidos em geral. Por outro lado, porém, ele constitui uma das raízes daquele individualismo de matriz pessimista e sem ilusões que ainda hoje influi no 'caráter nacional' e nas instituições dos povos de passado puritano.

Aqui se tem um elemento importante, originário do calvinismo, que dialoga com o "espírito" empreendedor do capitalismo: o individualismo. A relação com Deus não se faz mais na comunidade, mas sobretudo de forma individual, como destaca Weber (2020, p. 93): "Apesar da necessidade de pertencimento à verdadeira Igreja para alcançar a salvação, a relação do calvinista com seu Deus se dava em profundo isolamento interior". A novidade do calvinismo e das confissões religiosas similares está no fato de que a vida deve ser dedicada sem tréguas, integralmente, à glória de Deus, porque não há atalhos para chegar até Ele. Não há outra tarefa a ser realizada nessa vã e infeliz vida terrena do que se dedicar a Deus o tempo todo e todo o tempo. O mundo "está destinado a – e apenas a – servir à autoglorificação de Deus; o cristão eleito existe para – e apenas para – ampliar de sua parte a glória de Deus no mundo mediante o fazer cumprir dos seus mandamentos" (Weber, 2020, p. 95). Permanece a questão, entretanto, de como ser designado como um dos eleitos de Deus para a possível obtenção da salvação ou como se mostrar a Deus como um humilde servo destinatário de sua atenção. A questão que o calvinismo suscita em Weber (2020, p. 96) é a seguinte:

> Ora, o problema decisivo para nós é em primeiro lugar: o modo como essa doutrina foi suportada em um tempo para o qual o além era não apenas mais importante senão em vários aspectos também mais certo do que todos os interesses ligados à vida neste mundo. Afinal, uma questão em particular logo havia de surgir a cada um dos crentes e de relegar todos os outros interesses: teria eu sido eleito? E como eu posso me tornar certo dessa eleição?

Note-se que a questão pontuada por Weber é o de como suportar essa vida terrena convivendo com a dilacerante angústia "se serei salvo ou não". O autor lembra que a essa época a vida pós-morte é o tema mais importante entre os que creem, aquilo que se coloca como uma preocupação permanente. Por conseguinte, diz Weber (2020, p. 96), a "questão sobre como o indivíduo poderia ter certeza da sua própria eleição, ele tem, no fundo, apenas a resposta: que deveríamos nos contentar com o conhecimento do decreto de Deus e com a perseverante confiança em Cristo operada pela verdadeira fé". Nessa angústia torturante de como atrair a atenção de Deus para o meritório prêmio da salvação destinada a tão poucos, torna-se de extrema importância, em primeiro lugar, ter convicção de que estará entre aqueles merecedores de sua generosidade. Logo,

> por um lado, é simplesmente tornado dever considerar-se eleito e repudiar, como tentação do demônio, toda e qualquer dúvida, visto que falta de certeza com relação a si mesmo seria a rigor resultado de fé insuficiente, portanto da efetivação insuficiente da graça. (Weber, 2020, p. 98)

E, "por outro lado, trabalho profissional sem descanso, foi expressamente recomendado como meio mais eminente para obter aquela certeza com relação a si mesmo. Ele, e somente Ele, afugentaria a dúvida religiosa e daria a certeza do estado de graça" (Weber, 2020, p. 98). Note-se que nem isso é garantia de salvação, porém é o caminho a ser realizado para quem sabe alcançar a clemência de Deus. Não se vê mais como no catolicismo e mesmo no luteranismo a percepção de que basta uma prática mesmo que intermitente para se alcançar a graça de Deus. Agora, a salvação está condicionada ao afã diligente e diuturno sem tréguas que se faz, sobretudo, numa ascese espiritual que se cultiva na atividade laboral. Com essa atitude de vida se pensa

> fundamentalmente que Deus auxilia aquele que presta auxílio a si mesmo, portanto que o calvinista, como também é expressado em ocasiões, 'cria' ele mesmo sua bem-aventurança – o correto teria de ser: a certeza em relação a ela; isso significa que esse criar pode consistir, porém, ao contrário do que se nota no catolicismo, não em um acumular paulatino de realizações meritórias isoladas senão em um autocontrole sistemático, a todo tempo a colocar diante da alternativa: eleito ou condenado? (Weber, 2020, p. 101)

Com a breve apreciação hermenêutica da doutrina da predestinação calvinista, Weber afirma que "com isso chegamos a um ponto muito importante de nossas considerações" (Weber, 2020, p. 101). A consideração importante é de que "talvez nunca tenha existido uma forma mais intensiva da apreciação religiosa do agir moral do que aquela que o calvinismo gerou em seus adeptos" (Weber, 2020, p. 102). Weber retorna à doutrina social da Igreja Católica para dar ênfase a essa distinção moral da doutrina calvinista. Esse retorno e essa insistência do autor na demarcação das diferenças entre ambas é para assinalar aquilo que torna distintivo o calvinismo e sua contribuição indireta ao espírito do capitalismo. Vejamos e acompanhemos o didático raciocínio de Weber (2020, p. 103):

> Na devoção católica, o 'desencantamento' do mundo – a eliminação da magia enquanto meio de salvação – não havia sido levada às mesmas consequências alcançadas na religiosidade puritana (e antes dela apenas na judaica). Ao católico se encontrava à disposição, como meio para compensação da própria insuficiência, a graça sacramental de sua Igreja: o padre era um mago que operava o milagre da transubstanciação e cujas mãos detinham a autoridade central. Podia-se recorrer ao mesmo em arrependimento e penitência; ele promovia expiação, esperança em relação à graça.

Entretanto, para o calvinista, essa mediação não existe mais:

> Para este não havia esses confortos amistosos e humanos, e, ao contrário do católico e também do luterano, ele tampouco podia esperar reparar momentos de fraqueza e imprudência por maior boa vontade em outras horas. O Deus do calvinismo exigia dos seus não 'boas obras' individuais senão uma santificação pelas obras elevadas a sistema. (Weber, 2020, p. 103)

Nesse sentido, há um revolucionamento na conduta de vida que exige "uma transformação fundamental no sentido de todo o viver, em cada momento e em cada ação". Com isso, seria possível "se comprovar o operar da graça enquanto um abjugar do ser humano, passando do *status nature* para o *status gratiae*" (Weber, 2020, p. 104). De acordo com Weber (2020, p. 104), "essa racionalização deu à piedade reformada seu traço especificamente ascético". Estabelece-se aqui um objetivo de vida que deve ser alfa e ômega, o de "poder levar uma vígil consciente, lúcida; a aniquilação do desimpedimento da fruição pulsional da vida era uma tarefa mais urgente; trazer *ordem* à conduta de vida daqueles que se atinham a essa fruição, o *meio* mais importante da ascese" (Weber, 2020, p. 105-106). Estamos diante do que Weber denominou de ascese intramundana, uma espécie de viver a religiosidade e a espiritualidade diversa daquela até então conhecida, que exigia um espírito monástico do orar *ad infinitum*; a oração agora, nas denominações *reformadas*, realiza-se, sobretudo, no infatigável labor diário. Ainda mais importante, a dedicação a Deus, à vida piedosa não se faz entre quatro paredes, nos mosteiros ou templos, mas é no mundo que ela opera.

> Em relação à sua espécie de religiosidade, Sebastian Franck de fato atingiu o cerne da coisa quando entreviu o significado da Reforma na circunstância de que agora todo cristão teria de ser um monge por toda a sua vida. Contra o desbordar da ascese para fora da vida mundana cotidiana foi erigida uma barragem, e aquelas naturezas individuais contemplativas passionalmente austeras, que haviam fornecido ao monacato seus melhores representantes até então, eram agora instruídas a seguir ideais ascéticos dentro da vida profissional mundana. (Weber, 2020, p. 107)

Nessa orientação religiosa, a santidade deve ser buscada ainda em vida, e vida terrena. Exige-se uma atitude irrepreensível de comportamento, um empreendimento de metas a serem alcançadas. Por isso Weber (2020, p. 110) comenta que, no calvinismo

> a santificação da vida lograva assumir assim quase que o caráter de um empreendimento comercial. Uma penetrante cristianização de toda a existência foi a consequência dessa metódica da conduta ética de vida que o calvinismo, ao contrário do luteranismo, tratou de impor. Para a correta compreensão do gênero de atuação do calvinismo, deve se ter sempre em vista que era essa metódica o determinante da influenciação do viver.

A doutrina da predestinação não se restringiu ao calvinismo, ela se ampliou e "também foi de fato cultivada muito além dos círculos daquele partido religioso que, em todos os aspectos, manteve-se estritamente no terreno de Calvino" (Weber, 2020, p. 111). Ou seja, outros movimentos ascéticos surgiram e cultivaram a ascese como meio de vida; entre elas, o autor destaca denominações e movimentos como o pietismo, o metodismo, as seitas batistas e anabatistas e os quakers. Weber aborda cada uma delas e anuncia seu próximo intento, o de analisar o que essas doutrinas têm em comum com aquilo que denominou de espírito do capitalismo (Weber, 2020, p. 114-138), ou seja, a relação estabelecida por essas confissões religiosas, mesmo que indiretamente, com as bases culturais do capitalismo. Afirma Weber (2020, p. 137): "Temos agora de examinar a ideia puritana de vocação profissional em seu efeito na vida aquisitiva, depois que o delineamento acima tentou desenvolver sua fundamentação religiosa". Antes de iniciar essa empreitada, apresenta uma conclusão de sua análise acerca do comum em todas essas denominações oriundas da Reforma. Segundo ele, em todas elas há um denominador comum acerca de como encarar o caminho para a Salvação, visto que

> [...] podia ser garantida não por meios mágico-sacramentais quaisquer nem mediante o alívio da confissão ou através de realizações individuais de devoção, senão que apenas por meio de comprovação, em uma

> conduta de espécie particular, inequivocadamente distinta do estilo de vida do homem 'natural'. Disso advinha, para o indivíduo, o estímulo ao controle metódico do seu estado de graça na conduta de vida e, com ele, à sua impregnação ascética. (Weber, 2020, p. 137)

E a outra conclusão, das mais importantes, que essa ascese se realiza "não mais fora do mundo em comunidades monásticas, senão *dentro* do mundo e de suas ordens. Essa *racionalização* da conduta de vida no mundo com vistas ao além foi o efeito da *concepção de vocação profissional* do protestantismo ascético" (Weber, 2020, p. 138). Postas essas conclusões, Weber inicia a interpretação sobre a relação entre a ascese intramundana presente nessas denominações religiosas e o espírito capitalista. Novamente, num rigoroso trabalho de hermenêutica, Weber (2020, p. 138) introduz o seu método de análise afirmando que

> para compreender as relações entre as representações religiosas fundamentais do protestantismo ascético e as máximas da vida econômica cotidiana, é necessário recorrer antes de tudo àqueles escritos teológicos reconhecidamente nascidos da práxis da cura da alma.

Nessa tarefa apresenta o pensamento de Baxter,[23] Spener,[24] e Barclay,[25] todos expoentes do puritanismo. Weber dá destaque maior

---

[23] Richard Baxter (1615-1691), líder puritano inglês, sacerdote, escritor. Autor de dois textos bastante conhecidos pela doutrina teológica da Reforma: *Christian Directory* e *O descanso eterno dos santos*.

[24] Philipp Jakob Spener (1635-1705), teólogo luterano. Continuador da Reforma de Lutero, é considerado um dos precursores das correntes do pietismo ao pregar uma vida de intensa ascese dedicada ao cultivo da espiritualidade.

[25] Robert Barclay (1648-1690), escritor, político e um destacado difusor do que ficou conhecido como quakerismo, seita religiosa que pregava uma vida conduzida pela simplicidade e sobriedade. A ênfase religiosa dos quakers, destaca Pierucci (2011, p. 289), "recai na devoção prática, e aí, num padrão de vida diligente e simples, imbricam-se: tolerância religiosa, não conformismo político, não violência, pacifismo (com explícita rejeição do serviço militar), antiescravismo e oposição à pena de morte [...] são famosos pela discrição no vestir e frugalidade no comer, pela importância que dão ao silêncio na vida, pela renúncia às 'vãs recreações', pela honestidade nos negócios".

aos escritos de Baxter, um dos principais nomes do puritanismo inglês, e à sua obra *Christian Directory*, o "compêndio de teologia moral puritana mais abrangente e ao mesmo tempo orientado em todos os aspectos pelas experiências práticas da própria cura de almas" (Weber, 2020, p. 139). Lembramos, aqui, que o seu interesse é o de sempre relacionar os elementos fundantes da doutrina puritana com o capitalismo. À primeira vista e, paradoxalmente, destaca Weber, ao se ter em mãos os escritos de Baxter, sobressai a condenação à riqueza: "A riqueza enquanto tal é um sério risco, suas tentações são incessantes; ambicioná-la é não apenas sem sentido diante do supremo significado do Reino de Deus senão também moralmente grave" (Weber, 2020, p. 140). Logo, a "ascese parece se voltar aqui contra qualquer ambição voltada à aquisição de bens temporais" (Weber, 2020, p. 140). Mas na realidade, comenta Weber (2020, p. 140), numa atenta leitura de Baxter e dos seus escritos percebe-se que efetivamente

> o moralmente condenável de verdade é o *descansar* sobre a posse, a *fruição* da riqueza, com sua consequência de ociosidade e concupiscência carnal, sobretudo de desvio do aspirar à vida 'santa'. E *somente porque* ela traz consigo o risco desse descansar, a posse é questionável. Pois o 'descanso eterno dos santos' está no além; na terra, porém, o indivíduo deve, para se certificar do seu estado de graça, operar 'as obras' daquele que 'enviou enquanto é dia'.

Ou seja, a condenação não está no dinheiro, mas no desperdício do tempo ou no seu uso para fruição dos prazeres mundanos da vida. É mais grave desperdiçar tempo do que ganhar dinheiro, afirma Weber (2020, p. 140-141), interpretando Baxter: "Desperdício de tempo, portanto, por princípio, é o primeiro e mais grave de todos os pecados. A duração da vida é infinitamente curta e preciosa para se 'ater' ao próprio chamamento". Baxter é bastante explícito sobre o que vem a ser "perder o tempo", de acordo com Weber. É "perder tempo com convívio social, 'conversa ociosa', luxuosidade, mesmo dormir além do necessário à saúde – 6 até 8 horas, no máximo – é, absolutamente condenável moralmente" (Weber, 2020, p. 141). Note-se, lembra Weber (2020, p. 141), que ainda "não se trata do 'tempo é dinheiro' de Franklin, mas a sentença se aplica em certa medida no sentido espiritual: ele é infinitamente valioso porque cada hora perdida é tomada do trabalho a serviço da glória de Deus". Nessa mesma perspectiva, esse puritanismo rigoroso que subsome tudo à vida laboral condena até mesmo o tempo destinado à oração, quando esta subtrai o tempo destinado ao trabalho. Segundo Baxter, citado por Weber (2020, p. 141), "por isso, também a contemplação inativa é sem valor e condenável, eventualmente de modo direto, ao menos quando ela sucede às custas do trabalho de profissão. Pois ela é *menos* aprazente a Deus do que o fazer ativo da sua vontade na vocação profissional". E "ademais, o domingo existe para isso, e, segundo Baxter, os ociosos em suas respectivas profissões são sempre aqueles que também não têm nenhum tempo para Deus quando é chegada a hora do louvor" (Weber, 2020, p. 141). O que leva o autor a afirmar que "por conseguinte, uma pregação sempre reiterada – às vezes quase passional – de *trabalho* duro, pertinaz, corporal ou intelectual, atravessa a principal obra de Baxter" (Weber, 2020, p. 141). Ainda mais, o trabalho é "o preventivo específico contra todas aquelas tentações que o puritanismo subsome ao conceito '*uncleanlife*' [vida impura] e cujo papel não é pequeno" (Weber, 2020, p. 141). Baxter e outros pregadores puritanos incluem, ainda, a ascese sexual como meio de prática de autocontrole e vigilância espiritual. Destaca Weber, citando a exortação dos pastores puritanos:

> [...] a relação sexual, também no casamento, só é permitida enquanto meio, acordante à vontade de Deus, para a ampliação da sua graça em conformidade com o mandamento [de Gn. 1, 28]: 'Sede fecundos, multiplicai-vos'. Assim como contra dúvidas religiosas e autoflagelo inescrupuloso, é prescrito também – além de dieta sóbria, alimentos vegetais e banhos frios – contra todas as tentações sexuais: 'Trabalha duro na tua vocação'. (Weber, 2020, p. 141-142)

O puritanismo alimentava também aversão ao esporte, às atividades de salão, idas ao teatro, ao cultivo às artes e até mesmo ao uso de vestimentas que fugissem à sobriedade. Tudo isso era condenável, porque, além de furtar tempo do trabalho, não era condizente com a vida de uma pessoa temente a Deus. Logo,

> a fruição pulsional da vida, que afasta tanto do trabalho profissional como, em igual medida, da devoção, era a inimiga da ascese racional, quer aquela se apresentasse como *sport* de *seigneur* ou então como local de dança vista à taberna pelo homem comum. (Weber, 2020, p. 150)

Ainda mais, quanto mais riqueza, maior deve ser o cultivo à severidade de comportamento. Quanto "maior a posse, mais intenso será – se a índole ascética de vida resistir à prova – o sentimento de responsabilidade para que ela seja integralmente conservada e ampliada mediante trabalho sem descanso, voltado à glória de Deus" (Weber, 2020, p. 152-153). Em suma, afirma Weber (2020, p. 153):

> A ascese protestante intramundana – assim podemos resumir bem o que foi dito até aqui – atuava portanto, com todo ímpeto, contra a fruição desimpedida de posses; ela cerceava o consumo, em especial de luxuosidades. Em turno, no efeito psicológico, ela alijou a aquisição de bens dos entraves da ética tradicionalista; ela desgrilhoou a ambição de ganho, não apenas ao legalizá-la senão ao considerá-la como diretamente acordante à vontade de Deus (no sentido exposto).

O que fica evidente em toda a doutrinação puritana é o lugar ocupado pelo trabalho como o princípio, meio e fim da mais elevada ascese para se tornar alguém digno aos olhos de Deus. É pelo trabalho que se alcança a graça de Deus e doravante o trabalho se torna um imperativo moral. O trabalho,

> ademais e acima de tudo, é fim em si mesmo geral da vida, prescrito por Deus. Incondicionalmente e a todos se aplica a sentença paulina [de Ts 3,10]: quem não trabalha 'não há de comer'. A pouca vontade de trabalhar é sintoma de estado de graça faltante. (Weber, 2020, p. 142)

O imperativo do trabalho é estendido a todos, não interessa a condição social. No ensinamento puritano

> também o homem de posses não há de comer sem trabalhar, visto que o mandamento de Deus, ao qual ele deve obedecer tanto como o

> pobre, existe mesmo que ele não precise do trabalho para cobrir suas necessidades [...] Trabalhar é uma 'ordem de Deus'. (Weber, 2020, p. 142-143)

Essa infatigável, incansável e extremada dedicação ao trabalho terminava por render dividendos, poupança, riqueza. Surge, pois, uma questão: como lidar com o dinheiro? Como vimos, Weber comenta que, no calvinismo e seus movimentos religiosos assemelhados, o trabalho é a fonte e o meio para a salvação, e não para a obtenção da riqueza. Inconteste é o fato, porém, de que a partir do trabalho se dá o acúmulo de dinheiro e este se torna uma realidade entre os adeptos do puritanismo. A questão econômica se impõe como um problema que precisa ser abordado dentro da doutrina. Como a Reforma lidou com isso? Comenta Weber (1974, p. 178):

> A obtenção da riqueza devido à piedade conduzia a um dilema [...] O calvinismo procurou sair desta dificuldade através da ideia de que o homem é apenas um *administrador* dos bens que Deus lhe haja conferido; censurava o prazer, mas não se admitia a fugir do mundo, pois considerava como missão religiosa de cada um a colaboração no domínio racional do Universo.

Logo se percebe que o puritanismo se esforça em dar um tratamento diferenciado ao dinheiro e ao acúmulo da riqueza patrimonial. Vemos, então, que "o caráter providencial da interação de interesses ligados à economia privada se nuança de modo distinto à visão puritana. De acordo com o esquema puritano de interpretação pragmática, a finalidade profissional é reconhecida a partir de seus *frutos*" (Weber, 2020, p. 143). Ou seja, há uma leitura singular sobre o acúmulo da riqueza, a de que isso não é necessariamente condenável. A condenação acontece, apenas, quando a riqueza é utilizada como fruição ou deleite.

> A riqueza é questionável a rigor apenas como tentação do descansar mandrião e da fruição pecaminosa de vida, e ambicioná-la somente o é quando ocorre para se poder viver mais tarde sem preocupações e com deleitamento. Como exercício do dever profissional, porém,

> fazê-lo é moralmente não apenas permitido senão até imperioso. (Weber, 2020, p. 145)

Temos aqui uma distinção das mais significativas, quando comparadas à doutrina cristã de caráter católico e mesmo luterana. Essas denominações sempre criticaram fortemente o acúmulo da riqueza e, particularmente, a usura. Com o calvinismo e as denominações assemelhadas, a riqueza não é mais condenada. Ao contrário,

> querer ser pobre, como foi frequentemente argumentado, significaria o mesmo que querer ser enfermo, seria condenável enquanto santificação pelas obras e adverso à glória de Deus. E o mendigar de alguém apto ao trabalho é todo ele não apenas pecaminoso enquanto indolência senão também, segundo palavra do Apóstolo, contrário ao amor ao próximo. (Weber, 2020, p. 146)

A partir dessa visão, portanto, não é moralmente condenável ganhar dinheiro, o que é condenável é o uso indevido desse dinheiro; o seu uso, como destacado anteriormente, em atividades de perdição como jogos, salões, gastos ostentatórios etc. Tem-se, pois, que "a luta contra a concupiscência carnal e contra o apego aos bens extrínsecos, como atesta expressamente, além dos puritanos, o grande apologista do quakerismo (Barclay), era uma luta *não* contra a *aquisição* racional senão contra o uso irracional da posse" (Weber, 2020, p. 153). Também era condenável a ambição desmedida pelo dinheiro e, o mais perigoso, que o dinheiro se sobrepusesse à ascese no trabalho. Por isso, também a ascese no trabalho devia combater a cupidez, a cobiça:

> Do *lado da produção* de riqueza no âmbito da economia privada, a ascese combatia tanto a improbidade como a cobiça puramente *pulsional* – pois era isso o que ela condenava como *covetousness* [cupidez], com 'mamonismo' etc.: ambicionar riqueza com o fim último de ser rico. Pois a posse, enquanto tal, era tentação. (Weber, 2020, p. 154)

Na realidade, "os entraves que eram colocados contra o gasto consumptivo do adquirido tinham afinal de favorecer seu uso produtivo: como capital de *investimento*". (Weber, 2020, p. 154). O que Weber depreende do conjunto de sua interpretação dessas denominações puritanas é que a ascese no trabalho produziu efeitos indiretos, dentre eles, a aquisição de renda, a poupança, o acúmulo de riqueza financeira e patrimonial. O puritanismo, como visto, não condenará a aquisição de posses, ao contrário, isso pode ser visto como um sinal de que a pessoa está no caminho certo, de que a sua riqueza é dádiva e benção de Deus, a quem se dedica integralmente em sua ascese no trabalho. O que é condenável é o uso inadequado do dinheiro. O fato inconteste, porém, e essa é uma das principiais conclusões da investigação de Weber, é de que há um nexo causal entre princípios morais oriundos do puritanismo e o capitalismo. Esse é o resultado pretendido por Weber em toda a sua investigação.

## O ESPÍRITO DO CAPITALISMO

Considerando-se a sua análise até este momento acerca das inflexões que a Reforma produziu na vida religiosa, comportamental e econômica, Weber anuncia a sua principal conclusão em *A ética protestante e o espírito do capitalismo*:

> Antes, o que era ainda mais importante: a valoração religiosa do trabalho mundano diligente, pertinaz, sistemático, enquanto meio ascético simplesmente mais elevado e ao mesmo tempo como comprovação mais certa e visível do ser humano regenerado e da sua autenticidade de fé, há de ter sido a alavanca mais forte do que se pode conceber para a expansão daquela concepção de vida que chamamos aqui de 'espírito' do capitalismo. (Weber, 2020, p. 154)

Nessa citação, Weber sintetiza o nexo causal da exortação das denominações religiosas da Reforma – a busca obstinada de uma espiritualidade que se faz pela ascese no trabalho – e as suas implicações, que acabaram por favorecer, mesmo que indiretamente, o capitalismo em seu nascedouro. O capitalismo se favoreceu amplamente dessa visão religiosa que pregava a ideia de que a salvação é obtida na vida intramundana por meio de uma ascese no trabalho. Portanto,

> até onde alcançou a força da concepção puritana de vida, esta veio ao encontro, sob todas as circunstâncias, da tendência à conduta de

> vida burguesa, economicamente *racional* – e isso, naturalmente, é bem mais importante do que o mero favorecimento da acumulação; ela foi a zeladora mais essencial e, sobretudo, a única consequente. Ela foi precursora do 'homem econômico' moderno. (Weber, 2020, p. 156)

Weber reconhece, porém, que ocorreu uma inversão entre o que se pregava na Reforma e efetivamente o que acabou por se produzir na prática. A riqueza, consequência secundária, produzida pela ascese no trabalho, acabou tomando o lugar principal.

> Certamente, esses ideais de vida puritanos falharam em uma duríssima prova de resistência imposta pelas 'tentações' da riqueza, estas muito bem conhecidas pelos próprios puritanos. Encontramos com grande regularidade os adeptos mais genuínos do espírito puritano nas alas das camadas de pequeno-burgueses e de agricultores em vias de ascensão e vemos os *beati possidentes* [abençoados proprietários] prontos à renegação dos antigos ideais – isso com bastante frequência, mesmo entre os quakers. (Weber, 2020, p. 156)

Esse fato, já percebido no século XX por Weber, não invalida a realidade do legado do puritanismo de interesse ao capitalismo, ou seja, "acima de tudo, porém, o que essa época religiosamente pulsante do século XVII legou à sua herdeira utilitária foi a rigor uma consciência imensamente limpa – em relação à aquisição pecuniária, desde que esta se efetuasse apenas em formas legais" (Weber, 2020, p. 158). O capitalismo se beneficiou sobremaneira dessa atividade empreendedora, fundada em uma moral que redundou num *ethos* profissional que deu origem ao burguês capitalista:

> Surgira um *ethos* profissional especificamente burguês. Com a consciência de se encontrar em plena graça de Deus e de ser visivelmente abençoado pelo mesmo, o empresário burguês poderia seguir seus interesses aquisitivos – e devia fazê-lo – caso se mantivesse dentro dos limites da correção formal, caso sua conduta moral fosse irrepreensível e se o uso que fizesse da sua riqueza não tivesse nada de ofensivo. (Weber, 2020, p. 158)

Outro efeito desse *ethos* de motivação religiosa foram trabalhadores impregnados por certa sobriedade, o que foi útil ao capitalismo.

Segundo Weber (2020, p. 158-159), "ademais, o poder da ascese religiosa lhe colocava à disposição trabalhadores sóbrios, conscienciosos, excepcionalmente capazes e atidos ao trabalho enquanto finalidade de vida acordante à vontade de Deus". Ou dito de outra forma por Weber (1974, p. 179): "Esta manifestação do conceito profissional forneceu ao empresário moderno uma experiência excepcionalmente boa, e, além disso, operários disciplinados para o trabalho". Trabalhadores que não questionavam o seu lugar social, porque justificados por sua fé, não indagavam sua condição subalterna, uma vez "que a distribuição desigual de bens deste mundo seria obra toda especial da Providência de Deus, o qual, com essas diferenças bem como com a graça apenas particular, buscaria alcançar seus objetivos secretos, desconhecidos por nós" (Weber, 2020, p. 159). Expressão dessa contundência é a apologia que essas confissões religiosas fazem da pobreza. Segundo Weber, "toda a literatura ascética de quase todas as confissões está naturalmente impregnada pelo ponto de vista de que trabalho leal por parte daquele a quem a vida não concedeu nenhuma oportunidade, também por salários mais baixos, seria algo altamente aprazente a Deus" (Weber, 2020, p. 160). Essa condição, na verdade, já é anterior à Reforma, mesmo na cristandade medieval a condição social de subalternidade que se manifesta na relação senhores *versus* servos já era percebida como vontade de Deus. Logo, "nisso a ascese protestante não trazia, em si, nenhuma inovação" (Weber, 2020, p. 160). Weber observa que essa condição foi até mesmo intensificada pelo protestantismo. Destaca o autor:

> não apenas intensificou ao máximo esse ponto de vista senão que de fato produziu, relativamente a essa norma, a *única coisa a importar* para sua eficácia: o *estímulo* psicológico – mediante o entendimento desse trabalho como *vocação*, como meio principal, em última instância não raro como meio *exclusivo* para estar certo do estado de graça. (Weber, 2020, p. 160)

O que efetivamente se produz a partir da doutrinação puritana é uma legitimação da opressão no trabalho, como diz Weber: "por outro lado, ao interpretar também a aquisição pecuniária do empresário como 'vocação profissional', ela legalizou a exploração dessa inclinação voluntária específica ao trabalho" (Weber, 2020, p. 160). Não apenas legitimação e conformação, mas também uma racionalização na atividade laboral que resultou em ganhos excepcionais de produtividade.

> É manifesto quão fortemente o exclusivo aspirar ao Reino de Deus mediante cumprimento do dever laboral enquanto vocação e por meio da rigorosa ascese que a disciplina eclesiástica naturalmente impunha, em particular às classes desprovidas, houve fomentar a 'produtividade' do trabalho no sentido capitalista da palavra. O tratamento do trabalho como 'vocação' se tornou tão característicos para o trabalhador moderno como a concepção correspondente de atividade aquisitiva para o empresário. (Weber, 2020, p. 160)

Com isto, a exortação ao trabalho acerbo, devotado e infatigável, como única forma de justificar uma existência dedicada a Deus, favoreceu o capitalismo em seus ganhos de produtividade. Em seus escritos, destaca Schluchter (2014, p. 107): o "protestantismo ascético exige [...] virtudes como honestidade, disciplina, pontualidade, poupança, justiça e perspicácia". Concluída sua investigação em A *ética protestante e o espírito do capitalismo,* Weber (2020, p. 161-162) sentencia que o espírito profissional tem a sua origem no espírito da ascese cristã:

> Um dos elementos constitutivos do espírito do capitalismo moderno – e não apenas deste senão da cultura moderna –, a conduta racional da vida fundada na ideia de vocação profissional, nasceu do espírito da ascese cristão – isso estas exposições pretenderam demonstrar.

## O LUGAR DA CATEGORIA TRABALHO NO MÉTODO WEBERIANO

O tema do trabalho é relevante, porém, não é central na obra weberiana, como já destacamos. A questão central em sua obra é a compreensão daquilo que é específico do racionalismo ocidental e como ele se manifesta no capitalismo. É nesse contexto que a categoria trabalho assume importância em sua obra. Para os fins de nossa exposição, entretanto, julgamos relevante abordar as produções de Weber nas quais o trabalho assume papel preponderante.

É em *A ética protestante e o espírito do capitalismo* que o trabalho ganha corpo como o *mécanisme* que dá sentido à ação racional, ação esta que se manifesta no trabalho e relaciona-se ao método weberiano de análise social. A abordagem do tema do trabalho em Weber, porém, como antecipado, não se resume à obra *A ética protestante e o espírito do capitalismo*. Há outras pesquisas, estudos e escritos em que o autor tem no trabalho o objeto principal de sua investigação social. É particularmente conhecida a sua pesquisa que se transformou numa monografia, intitulada *A situação dos trabalhadores rurais na Alemanha a Leste do Elba*,[26] no qual descreve as condições de vida dos camponeses dessa região e a sua crescente proletarização. Menos conhecido é o seu estudo intitulado *Psicofísica do Trabalho Industrial*.[27] Nesse estudo, diferentemente do anterior, o objeto de análise são as condições de trabalho de operários numa indústria têxtil. Weber empreende uma pesquisa em que analisa o modo de produção no chão de fábrica, as ferramentas e os equipamentos utilizados, a distribuição de trabalho por gênero, a jornada de trabalho, a remuneração salarial etc. A novidade desse estudo reside no fato de incorporar em sua análise diferentes áreas do conhecimento, como a fisiologia e a psicologia. O objetivo foi delineado pelo próprio Weber (2009, p. 11), ao afirmar que o estudo tem como finalidade:

---

[26] O estudo, publicado em 1892, integrava uma pesquisa mais ampla sobre a situação dos trabalhadores rurais no Império Alemão, coordenada pela *Vereinfür Socialpolitik* (Associação para a Política Social), uma organização dedicada a estudos socioeconômicos e políticos da Alemanha. A publicação obteve grande repercussão pelas análises econômicas e pela metodologia empregada, e rendeu a Weber a nomeação para professor de Economia Política na Universidade de Freiburg.

[27] Esse estudo, publicado em 1908, também foi sugerido, como o anterior, pela *Vereinfür Socialpolitik* (Associação para a Política Social) ao estimular pesquisadores que estudassem as condições de trabalhadores da indústria alemã.

"1) tornar compreensíveis as dificuldades responsáveis pelo fato de que, até agora, praticamente não ocorreu uma colaboração entre as diferentes disciplinas 'em princípio' possível e 2) perguntar em que sentido e em que medida tal colaboração talvez venha a ser possível no futuro". A referida pesquisa é pioneira nos estudos de ergonomia e psicopatologia no trabalho e até mesmo precursora das análises do taylorismo-fordismo.

O tema do trabalho aparece com importância, também, no seu texto *Relações agrárias na Antiguidade*, que passou por três edições (1897, 1898 e 1909). De acordo com Mata (2011), o texto é um verbete escrito para o *Handwörterbuch der Staatswissenschaften* (Dicionário das Ciências do Estado) a convite de Johannes Conrad, membro da Associação para a Política Social da Alemanha. Nesse texto, Weber aborda o lugar do trabalho escravo no sistema capitalista da antiguidade. Note-se que, para Weber, a Idade Antiga e a Idade Média tiveram suas versões específicas de capitalismo.

O conteúdo do trabalho também foi objeto de suas aulas no período em que lecionou. A pesquisadora Aldenhoff-Hübinger (2012) destaca que cursos que Weber ministrou entre 1894 e 1900 nas Universidades de Freiburg e Heidelberg tratavam sobretudo da política agrária e da questão dos trabalhadores. Entre os temas listados de suas aulas aparecem: "A questão dos trabalhadores no campo e na cidade na Alemanha" e "A questão e o movimento de trabalhadores". A partir das anotações dos cursos e das aulas de Weber, Aldenhoff-Hübinger (2012) comenta que ele detinha amplo conhecimento do tema do trabalho e abordava desde o trabalho escravo da Antiguidade à relação servil dos camponeses da Idade Média. Weber também discorria sobre os movimentos dos trabalhadores contemporâneos a ele e conheceu os textos de Marx, concordando com ele em algumas análises e contestando-o em outras.

Retornemos, agora, ao método weberiano e ao lugar do trabalho nesse método. Como se sabe, em Weber, a sociologia é uma ciência compreensiva da ação social e a compreensão implica na captação do sentido que o ator dá ao seu comportamento. Em *Economia e sociedade*, obra póstuma, Weber (1969, p. 5) define a sociologia como "uma ciência que pretende compreender e interpretar a ação social para dessa maneira explicá-la em seu desenvolvimento e consequências". Por "ação" Weber (1969, p. 5) compreende "um comportamento no qual o sujeito ou sujeitos da ação dão a ela um sentido subjetivo". Sell (2009, p. 118) comenta que, em Weber,

> o objeto de estudo da sociologia é a ação social [...] É na ação dos indivíduos, quando orientada em relação a outros indivíduos (portanto, quando ela é social) que a sociologia tem o seu ponto de partida [...] É sempre a partir do sujeito que Weber pretende fundar a explicação dos fenômenos sociais.

Depreende-se, portanto, que na sociologia weberiana "o ponto de partida da explicação sociológica reside no indivíduo" (Sell, 2009, p. 116). Ou ainda, de acordo com Cohn (1989, p. 26), em Weber,

> O *ponto de partida* da análise sociológica só pode ser dado pela ação de indivíduos e que ela é 'individualista' *quanto ao método*. Isso é inteiramente coerente com a posição sempre sustentada por ele, de que no estudo dos fenômenos sociais não se pode presumir a existência já dada de estruturas sociais dotadas de um sentido intrínseco; vale dizer, em termos sociológicos, de um sentido independente daqueles que os indivíduos imprimem às suas ações.

Contrariamente a Durkheim, em que o objeto de estudos para a compreensão social é a sociedade, para Weber é a partir do indivíduo que se compreende o que se processa na sociedade. É em função dessa premissa que se conceitua o método da sociologia weberiana como *método compreensivo*. É o próprio Weber (1979, p. 74) quem assim o define:

> A sociologia interpretativa considera o indivíduo [*Einzelin-dividuum*] e seu ato como a unidade básica, como seu 'átomo' – se nos permitirem pelo menos uma vez a comparação discutível. Nessa abordagem, o indivíduo é também o limite superior e o único portador de conduta significativa... Em geral, para a Sociologia, conceitos como 'Estado',

'associação', 'feudalismo' e outros semelhantes designam certas categorias de interação humana. Daí ser tarefa da sociologia reduzir esses conceitos à ação 'compreensível', isto é, sem exceção, aos atos dos indivíduos participantes.

A epistemologia weberiana se opõe aos positivistas, que consideram que as ciências sociais devem adotar o mesmo método das ciências naturais para a compreensão do objeto de estudo. Weber, na definição do seu método – na síntese elaborada por Sell (2009) – dialoga com pensadores como Dilthey,[28] Windelband[29] e Rickert.[30] Para Dilthey, as ciências sociais são diferentes das ciências naturais, porque os objetos de estudos são distintos; ao passo que as ciências naturais estudam a natureza, as ciências sociais têm como substrato de estudos a sociedade e a sua cultura e, nesse estudo, o ser humano é ao mesmo tempo o objeto e o sujeito da ação; em Windelband, as ciências naturais partem de pressupostos gerais e as ciências sociais das singularidades dos fenômenos; por sua vez, Rickert destaca outra distinção entre ciências naturais e ciências sociais, já que a última trata de abordar conteúdos relacionados a "valores", o que não ocorre nas ciências naturais. Weber, de acordo com Sell (2009), fica num meio termo, ou seja, não aceita o postulado positivista e, em contrapartida, critica a separação excessiva entre ciências sociais e ciências naturais. Considera que o "uso de leis científicas" para interpretar a realidade pode ser útil para as ciências sociais, para não se cair

---

[28] Wilhelm Christian Ludwig Dilthey (1833-1911) afirma que as "ciências do espírito", análogo ao que denominamos hoje ciências sociais ou ciências humanas, tratam-se de ciências abertas na interpretação dos acontecimentos, ao passo que é constitutivo às ciências naturais e seu método as explicações "fechadas" dos fatos.

[29] Wilhelm Windelband (1848-1915) se opõe aos positivistas, que sugerem a transposição do método das ciências naturais de interpretação dos fatos para as áreas das humanas. Em vez da aplicação do método de forma acrítica, sugere um diálogo entre as ciências, e não mera apropriação.

[30] Heinrich John Rickert (1863-1936) partindo da mesma perspectiva dos autores citados anteriormente, considera que as ciências naturais e o seu método de interpretação não podem ser aplicados diretamente aos fenômenos sociais.

num mero subjetivismo (explicação causal e compreensão podem ser complementares). Para Weber, o cientista deve saber integrar os dois métodos: individualizantes e generalizantes em suas pesquisas.

A forma como Weber aborda seus estudos sobre o capitalismo é uma boa mostra do método weberiano, destaca Sell (2009, p. 113):

> ao pesquisar a origem deste espírito [do capitalismo], Weber vai utilizar do método generalizante o princípio da causalidade (método explicativo ou naturalista) que busca estabelecer relações entre os fenômenos [...]. Nas pesquisas sobre o capitalismo, voltando ao nosso exemplo, Weber se pergunta de que forma as ideias e o modo de vida dos protestantes (moral protestante) podem ser relacionados com a origem das formas de conduta capitalista.

Logo, no centro do método weberiano de interpretação social, encontra-se a *ação social*, ou seja, a busca pela compreensão do comportamento humano que o leva a agir de determinada forma. É na ação dos indivíduos, individual e coletivamente, que se encontram as explicações dos fenômenos sociais. Destaca Sell (2009, p. 118):

> a tarefa da pesquisa sociológica consiste em determinar qual o 'sentido' ou 'significado' da ação. [...] para a sociologia, importa recuperar a razão e a finalidade que os próprios indivíduos conferem às suas atividades – bem como às suas relações com os demais indivíduos. [...] É por isso que a teoria sociológica de Weber é chamada de 'metodologia compreensiva': seu objetivo é compreender [*Verstehen*] o significado da ação social.

Chegamos ao lugar, então, do trabalho no método weberiano. Como já o dissemos, Weber incorpora o trabalho em suas análises porque nele vislumbra forma e conteúdo que fornecem as bases para a racionalidade do capitalismo ocidental. O trabalho organizado racionalmente (a especialização do trabalho) – com acentuada disciplina, com aceitação da subordinação que se requer, como prova emblemática do caráter que se deseja imprimir à vida própria e ao olhar dos outros, como definidor da identidade individual e como atividade pecuniária – imprimiu ao capitalismo uma legitimação que ele jamais poderia conseguir apenas a partir das relações de poder. São, antes de tudo, as pessoas, os indivíduos, que aceitam a sua condição social. O trabalho é carregado de uma moral que dá sustentação e legitimidade ao *modus operandi* do sistema capitalista. Foi Weber quem percebeu isso ao afirmar que a religião, particularmente, a Reforma Protestante, forneceu ao capitalismo uma base ética, por mais estranho que isso possa parecer. O protestantismo e a sua concepção de viver o trabalho como vocação intramundana para a obtenção da salvação serviu como uma luva ao capitalismo. A doutrina protestante é pródiga na exigência de determinado *ethos* de vida. O que se exige, afirma Schluchter (2014, p. 107), "são virtudes como honestidade, disciplina, pontualidade, poupança, justiça e perspicácia". Foi esse tipo de trabalho realizado de forma tenaz, infatigável, disciplinado, acerbo, como refreamento às tentações desviantes do servir a Deus, que deu ao capitalismo o que ele precisava, ou seja, mão de obra servil e vigorosa. Ainda mais, forneceu racionalidade ao agir humano, porque desencantou o homem do mundo e o prendeu à "jaula de ferro".[31]

É essa concepção de trabalho de origem religiosa que foi, em seu devido tempo, o "espírito do capitalismo", hoje devidamente secularizado e incorporado à normatividade da conduta social. A demonstração da especificidade dessa "ação social", dessa "ação individual" concernente ao trabalho, emprestou lógica à estrutura social do capitalismo.

## O TRABALHO E O ESPÍRITO DO CAPITALISMO HOJE

Em Weber, a ética do pensamento religioso fornece ao trabalho uma racionalidade que enseja o espírito do capitalismo. Foram as correntes religiosas da Reforma que deram ao trabalho um sentido que a secularidade do capitalismo talvez não encontrasse. Esse sentido é o do trabalho como um dever insubstituível de qualquer ser humano. É

[31] A expressão utilizada por Weber (2011, p. 165) refere-se ao processo de racionalização da sociedade ocidental no qual o trabalho desempenha papel central. A expressão "jaula de ferro" é de Talcott Parsons, na tradução do alemão para o inglês. Michel Löwy (2014) fala em "jaula de aço".

nessa perspectiva que Schluchter (2014, p. 91) comenta que as correntes religiosas da Reforma

> pertencem aos elementos constitutivos da cultura moderna [...] Na medida em que converteu o trabalho profissional no seu mais importante dever, ela possibilitou uma condução metódica da vida, uma forma de condução de vida que nasceu 'do espírito da ascese cristã'.

Weber chegou a essa conclusão a partir de uma indagação: o que leva as pessoas, particularmente os adeptos das confissões de raiz protestante, a se dedicaram completamente a uma vida de trabalho? Que potência moral a atividade profissional carrega em si que subsome por completo as pessoas? Weber está olhando para a sociedade ocidental dos séculos XIX-XX e, interpelado intelectualmente por essas questões, põe-se a interpretar a origem dessa "ação social racional". E a partir do seu método – o que leva as pessoas a agirem de determinada forma – encontrará a resposta de que "o espírito profissional nasceu do espírito da ascese cristã" (Schluchter, 2014, p. 106). Ainda mais importante: a partir daí se estabelece uma "relação causal entre a ética vivida do protestantismo ascético e o espírito do capitalismo moderno" (Schluchter, 2014, p. 102).

Weber constata que a Reforma, a partir da "absoluta libertação da graça sacramental cristã" (Schluchter, 2014, p. 42), significou um "desencantamento do mundo", a ideia de que doravante a salvação está no mundo (intramundana) e não fora dele (extramundana). Trata-se, de certa forma, por mais paradoxal que possa parecer, de um processo de secularização da religião, na qual a relação com Deus dispensa mediações; aliás, a principal mediação passa a ser o indivíduo e a sua conduta ascética de como vive a sua vida profissional. O achado de Weber, segundo Schluchter (2014, p. 117), é o de que "uma ética religiosa baseada em uma racionalidade valorativa torna-se uma doutrina utilitarista fundada em uma racionalidade instrumental".

O próprio Weber, entretanto, no seu devido tempo histórico, já percebia que a religião, outrora tão importante na vida das pessoas, já não se constituía no *leitmotiv* da ação racional no trabalho. Pierucci (2005, p. 19) comenta que "o capitalismo não precisa mais de uma ética especificamente religiosa, mas precisa de um *ethos* racional". A questão, portanto, posta hoje é: considerando que não se trata mais da religião, quem fornece um *ethos* racional ao trabalho, qual é o novo espírito do capitalismo?[32]

Uma primeira constatação é que, apesar das mudanças substanciais ocorridas no capitalismo, o trabalho ainda guarda forte valoração social, tal qual descrito por Weber em sua época. É muito presente na sociedade a ideia de que pessoas provam o seu caráter e o seu valor pelo trabalho. A valoração do trabalho como o organizador da vida individual e coletiva se manifestou em sua completude no período conhecido como fordismo,[33] essência de uma sociedade que infunde um sentido à vida individual e coletiva determinando características bem definidas. Na sociedade industrial do século XX, destaca Sennett (2006), grandes corporações, racionalização, reconhecimento do lugar social, definição clara de tarefas, tempo linear, rotina e estabilidade constituíram-se em um porto seguro de toda uma geração de trabalhadores. O tempo racionalizado afetava a vida subjetiva na medida em que permitia "que os indivíduos encarassem suas vidas como narrativas – não tanto

---

[32] Boltanski e Chiapello (2009, p. 49) argumentam "que além da espécie de reconstituição arqueológica do *ethos* que inspirou o capitalismo original, encontrada na obra de Weber, possuímos pelo menos duas descrições estilizadas ou tipificadas do espírito do capitalismo" nos últimos tempos. A primeira descrição, afirmam Boltanski e Chiapello (2009, p. 49-50), foi aquela "empreendida em fins do século XIX e centra-se na pessoa do burguês empreendedor e na descrição dos valores burgueses" e uma "segunda caracterização do espírito do capitalismo tem pleno desenvolvimento entre os anos 1930 e 1960. A tônica aí recai menos sobre o empresário individual e mais sobre a organização".

[33] Forma de organização do trabalho introduzida na indústria automotiva por Henry Ford no início do século XX, baseada na linha de montagem, que possibilita a produção em grandes quantidades de produtos estandardizados. O fordismo correspondeu aos anos dourados do capitalismo e, mais do que um simples modo de organizar a produção, correspondeu a um modo de vida.

daquilo que necessariamente acontecerá quanto da maneira como as coisas deveriam acontecer, a ordem da experiência" (Sennett, 2006, p. 29). O trabalho porta um sentido de vida para homens e mulheres por representar uma "fonte de honra na família e na comunidade [...] proporcionando identidade nas consequências sociais de sua atividade" (Sennett, 2006, p. 70). Os trabalhadores eram "indivíduos enraizados em sólidas realidades institucionais, guiados por uniões estáveis, grandes corporações e mercados relativamente firmes; nesse contexto, homens e mulheres da classe operária tentavam dar sentido à sua posição inferior na hierarquia social" (Sennett, 2006, p. 15).

Na sociedade fordista, o trabalho ocupa um lugar central na vida das pessoas. Era o trabalho quem identificava, determinava, distinguia, classificava e marcava de modo decisivo as relações sociais. O tempo racionalizado, propiciado pelo fordismo, permitia que os indivíduos encarassem suas vidas com expectativas do devir, afetando profundamente a vida subjetiva, estabelecendo firmeza de propósitos. A sociedade industrial, tendo o fordismo como a sua síntese maior, encerrou os sujeitos do trabalho na "jaula de ferro", como diz Weber. A "pirâmide weberiana" – uma expressão de Sennett (2006, p. 36) – "tornou-se uma realidade estrutural, dominando grandes organizações do século XX". Na análise de Weber, tomando como referência o exemplo do exército prussiano, o modelo militar começou a ser aplicado às empresas e instituições da sociedade civil em nome da estabilidade. Assim como no exército, para que se tenha coesão, precisa-se definir com clareza e precisão a função de cada patente, numa grande burocracia racional. O poder efetivo assume a forma de uma pirâmide racionalizada, ou seja, cada posto tem uma função definida: "as funções são fixas, estáticas. E precisam sê-lo, para que a organização se mantenha coesa, não importando quem esteja neste ou naquele cargo" (Sennett, 2006, p. 34). Fazer uma carreira vitalícia, numa instituição dessa natureza, encerra a pessoa na jaula de ferro; porém, o tempo da convivência com as outras pessoas e as estruturas burocráticas conferem sentido para o agir e a sensação de estar agindo por contra própria. Segundo Sennett (2006, p. 74), "Weber considerava que essa máquina do tempo era o segredo da jaula de ferro, tratando os indivíduos de se emparedar em instituições fixas, porque esperavam uma recompensa futura".

A sociedade industrial institui determinadas características em torno do trabalho que moldam a ética do trabalho. Essas características podem ser definidas, segundo Sennett (1999), da seguinte forma: 1) o trabalho passa a ser o elemento central que permeia o conjunto das instituições. As pessoas provam o seu valor pelo seu trabalho; 2) o não trabalho, ou seja, a ausência de um emprego, configura uma caracterização identitária de constrangimento; 3) estabelece-se uma forte relação de classe social. Os trabalhadores têm satisfação de sua posição social, reconhecem-se como operários e estabelecem laços de solidariedade; 4) é comum a identificação perene com um determinado tipo de ofício, de profissão; 5) o ofício profissional que o trabalhador desempenha identifica-o perante os demais e, uma vez exercendo essa atividade, é comum que não mude para outra; 6) o trabalho não é intermitente, ele se faz de maneira continuada, segura e, geralmente, em um mesmo local, na mesma empresa; 7) em função do tempo – anos – em que convivem juntos em uma mesma planta industrial, constroem-se laços de fidelidade, companheirismo, amizade e lealdade entre os trabalhadores; 8) a competitividade entre os operários, a disputa por espaço e ascensão profissional são reduzidas; 9) a recompensa para uma vida de trabalho é a aposentadoria. O trabalho passa a ser portador de um caráter, de um *ethos*. Valores são constituídos, uma forma particular de enxergar o mundo e de relacionar-se com os outros.

Poderíamos, portanto, falar em uma metanarrativa que permeia a conduta racional no trabalho. Na sociedade fordista, a "caracterização do espírito do capitalismo [...] recai menos sobre o empresário individual e mais sobre a organização" (Boltanski e Chiapello, 2009, p. 50). É no conjunto das organizações – familiar, empresarial, estatal em sua versão *welfare*, sindical – que o capitalismo finca as suas raízes. O espírito do capitalismo não se encontra agora no indivíduo, portador de uma crença que pede ascese no trabalho, mas, sobretudo, encontra-se numa racionalização institucionalizada que se faz por meio das organizações e imprime um sentido individual e coletivo à vida.

No entanto, essa sociedade fordista e o espírito do capitalismo que a sustentou estão em crise. Três movimentos simultâneos alteraram profundamente o capitalismo e a sociedade do trabalho a partir do último quarto do século XX. Em primeiro lugar, a evolução das forças produtivas que reorganizaram o modo produtivo, substituindo a produção padronizada por um padrão flexível (Harvey, 1992). Em segundo lugar, a ascensão do neoliberalismo, que mitigou o papel do Estado da regulação capital-trabalho e, em terceiro, somando-se a esses processos, a financeirização, que se sobrepôs ao capitalismo produtivo, alterando o funcionamento que se conhecia.

Trata-se, portanto, agora, de desvendar qual o conjunto de "crenças associadas à [nova] ordem capitalista que contribuem para justificar e sustentar essa ordem, legitimando os modos de ação e as disposições coerentes com ela" (Boltanski e Chiapello, 2009, p. 42). Ou seja, retomando a proposição de Weber – qual seria hoje o espírito do capitalismo? –, que ideias o capital mobiliza para manter a sua legitimidade e hegemonia? Como se move o capitalismo para manter as pessoas comprometidas e dar continuidade ao seu processo de acumulação? Se o seu espírito não se encontra mais na religião e tampouco na racionalização das organizações, onde se encontra?

Desde o último quarto do século XX, o capitalismo passa por uma profunda reestruturação que se caracteriza, segundo Castells (1999), pela flexibilidade e descentralização das empresas, pelo fortalecimento do papel do capital frente ao trabalho, pela diversificação das relações de trabalho, pela intervenção estatal para desregular e desfazer o Estado de bem-estar social e pelo aumento da concorrência econômica global. Acompanham ainda essas mudanças de caráter econômico e político, mudanças de ordem cultural que redefinem as relações sociais. Sob a perspectiva do capital, destaca Castells (1999), passa-se da produção de massa à produção flexível e ao surgimento de novos métodos de gerenciamento, a maior parte deles oriunda de empresas japonesas, mais especificamente, o toyotismo. Este método tem como características centrais o *just in time* (desintegração vertical da produção numa rede de empresas) e o envolvimento dos trabalhadores no processo produtivo. Ao contrário da sociedade industrial que dispensou a subjetividade – a autonomia, o conhecimento, a comunicação, a sensibilidade, a percepção, a criatividade –, a sociedade pós-industrial a requer. A principal fonte do valor reside agora na criatividade, na polivalência e na força de invenção dos assalariados, e não necessariamente no capital fixo, na maquinaria. Na nova forma de se organizar o trabalho e ativá-lo, busca-se a reconquista da parte do trabalho vivo que o desenvolvimento histórico do capitalismo tentou aniquilar. As empresas revelam esforços para que os seus trabalhadores assumam determinado modelo de competência profissional, ou seja, tomem iniciativa e assumam responsabilidades diante de situações profissionais com as quais se deparam. O trabalho requer um engajamento total do trabalhador. Segundo Boltanski e Chiapello (2009, p. 130):

> As qualidades nesse novo espírito são penhores de sucesso – autonomia, espontaneidade, mobilidade, capacidade rizomática, polivalência (em oposição à especialização estrita da antiga divisão do trabalho), comunicabilidade, abertura para os outros e para as novidades, disponibilidade, criatividade, intuição visionária, sensibilidade para as diferenças, capacidade de dar atenção à vivência alheia, aceitação de múltiplas experiências, atração pelo informal e busca de contatos interpessoais.

A lógica competitiva inerente à concorrência e à competitividade do mercado é transferida para o chão de fábrica. As empresas pedem de seus funcionários um total envolvimento em seu trabalho, e apelando

> para um discurso sobre a guerra econômica na qual estão operando, os administradores exigem doravante a excelência que ela define em códigos de ética, deontológicos, em normas de vida. Os administradores pedem para seus funcionários serem os militantes incondicionais da empresa,

mostrando lealdade, disponibilidade, além de competência. Devem eles aceitar a mobilidade e, por isso, deixar a vida pessoal e familiar em segundo plano. (Linhart, 2007, p. 9)

É nesse sentido, de uma autorresponsabilização cada vez maior com o que acontece no chão de fábrica, que Lazzarato e Negri (2001, p. 25) explicam que o que "prescreve o novo *management* hoje 'é a alma do operário que deve descer na oficina'. É a sua personalidade, a sua subjetividade que deve ser organizada e comandada". Está em processo uma ruptura da concepção de trabalho da sociedade industrial, aquela em que o trabalho se situa fora do operário; agora, o trabalho subsome toda a pessoa, invade todo o seu ser, não é mais exterior, mas foi interiorizado, é constitutivo do trabalhador. O tempo do não trabalho confunde-se ao tempo do trabalho, ocorrendo uma mudança na relação do sujeito com a produção e o seu próprio tempo. A dualidade trabalho-vida se reduz: "Doravante, não nos é mais possível saber a partir de quando estamos do 'lado de fora' do trabalho que somos chamados a realizar. No limite, não é mais o sujeito que adere ao trabalho; mais que isso, é o trabalho que adere ao sujeito" (Gorz, 2005, p. 22). Boltanski e Chiapello (2009, p. 193) comentam que

> o desvanecimento da separação entre vida privada e vida profissional é acompanhada por uma mudança nas condições e no ritmo de trabalho, bem como no modo de remuneração. O executivo assalariado de tempo integral, que ocupava emprego estável numa grande empresa que encarna o segundo espírito do capitalismo, é substituído pelo colaborador intermitente, cuja atividade pode ser remunerada de diferentes maneiras: salários, honorários, direitos autorais, *royalties* sobre patentes etc., o que tende a atenuar a diferença entre rendimentos do capital e rendimentos do trabalho.

Com essa nova forma de organizar o trabalho, o capital busca uma espécie de "cooperação subjetiva" (Virno, 2005), na qual as externalidades do trabalhador – o seu conhecimento, o seu saber, a sua capacidade de criação e interação, a sua bagagem cultural, o seu fazer-se e produzir-se continuamente – são incorporadas e apropriadas pelo capital. A partir de agora, o capital requer, sempre mais, uma cooperação do trabalhador, uma cooperação social e socializada. Se na sociedade industrial – a da manufatura descrita, por Marx, e no fordismo – a cooperação era dispensada e até mesmo o trabalhador sentia-se constrangido a opinar, porque o seu conhecimento era desqualificado, o seu saber não era reconhecido – o que se vislumbra agora é o estímulo e o incentivo para que denuncie toda e qualquer situação que possa melhorar os arranjos produtivos. Doravante, de acordo com Boltanski e Chiapello (2009, p. 121), no "novo universo [do trabalho] tudo é possível, pois as novas palavras de ordem são criatividade, reatividade e flexibilidade". As novas palavras de ordem do capital são as do engajamento, desenvolvimento pessoal, da mobilização de competências, empregabilidade, do empreendedorismo. Não é mais a organização que oferece o porto seguro aos trabalhadores; agora, e cada vez mais, as pessoas, os indivíduos é que são responsáveis pela sua inserção e manutenção laboral.

A velha ética no mundo do trabalho está sendo substituída por outra ética (Sennett, 1999). Se, anteriormente, o trabalho era caracterizado por um processo padronizado no qual se exigia um trabalhador especializado em sua função e a produtividade era alavancada pela somatória das *performances* individuais, hoje se busca uma organização social flexível do trabalho. A novidade maior é a criação de protocolos organizacionais que buscam um envolvimento integral do trabalhador com o processo produtivo. Agora, já não basta um trabalhador convencional que cumpra apenas sua jornada de trabalho e ponto final. O que se exige é um trabalhador que "vista a camisa" da empresa, que a incorpore em sua vida e a ela dedique o melhor de suas energias, físicas e intelectuais. Requer-se um trabalhador que se transforme em um colaborador, que se dispa da sua primariedade de mão de obra servil e sinta-se "sócio".

A percepção que se tem é de que, sob a perspectiva ética, a nova sociedade do trabalho, resultante das mudanças estruturais do capitalismo, bagunçou tudo. A vida do trabalho perdeu sua narrativa linear. Acrescente-se a esse conjunto de mudanças a acelerada desestruturação do mercado de trabalho, manifesta, sobretudo, no acentuado declínio do pleno emprego. O que vemos hoje é a instalação da precariedade: trajetórias erráticas feitas de alternância de emprego e não emprego, instabilidade e insegurança. De acordo com Sennett (1999, 2006), as novas características da sociedade de trabalho são: 1) a deriva, a nova maneira de organizar o tempo de trabalho é que se acabou o "longo prazo". O "emprego" está sendo substituído por "projetos' e "campos de trabalho". Não há mais longo prazo e a sua ausência corrói a confiança, a lealdade e o compromisso mútuo; 2) instala-se o sentimento do "fantasma da inutilidade", a ideia de que as pessoas são facilmente substituíveis, seja pelas máquinas ou por conta de sua insuficiência de qualificação; 3) o rompimento com a rotina. A sociedade moderna, diz Sennett, está em revolta contra o tempo rotineiro, burocrático. A rotina pode degradar, mas também proteger; pode decompor o trabalho, mas também compor uma vida. Atualmente, no novo mundo do trabalho, ganha centralidade a necessidade de indivíduos flexíveis, que estejam sempre à disposição da lógica do mercado; 4) a flexibilidade. Agora todos são instados a serem flexíveis. Ser flexível significa aqui se adaptar a circunstâncias variáveis, trata-se de assumir uma postura de administração do tempo, o "flexi-tempo"; 5) o risco. Essa é outra característica do novo mundo do trabalho. O risco torna-se uma necessidade diária, pois a instabilidade das organizações flexíveis impõe aos trabalhadores a necessidade de correr riscos, de assumir iniciativas que nem sempre apresentam perspectivas seguras de êxito; 6) o fracasso. Outro aspecto presente no novo mundo do trabalho. Pergunta Sennett, "como se sentem os demitidos"? Segundo a narrativa do autor, no início, se sentiam vítimas passivas da empresa, num segundo momento culpavam a economia global, e por último, expressavam o fracasso pessoal com a carreira pelo fato de não terem tomado esta ou aquela decisão no decorrer de sua vida profissional. A percepção de Sennett

(1999) é a de que no novo mundo do trabalho há uma "corrosão do caráter", ou seja, a construção identitária em torno do trabalho durante quase dois séculos está se esvaindo.

Há ainda outro elemento-chave nessa nova sociedade do trabalho: uma mudança de padrão cultural. O princípio da solidariedade do período fordista está sendo substituído pelo princípio da competitividade. Note-se que o fordismo, associado ao keynesianismo, deu origem ao *Welfare State*, ao pleno emprego,[34] aos sindicatos; ou seja, um modelo societário de inclusão. Agora, com a crise do fordismo e com um capitalismo de novo tipo, assentado na evolução das forças produtivas que resultaram na terceira e quarta revolução industrial, instala-se a competitividade na disputa por espaços num mercado globalizado. A competitividade, porém, uma categoria afeita, até então, apenas ao mundo dos negócios, aos poucos vai se tornando também um valor cultural. Sendo assim, a norma que rege o mercado de trabalho e a vida das pessoas atualmente é a da competitividade. O importante hoje é ser competitivo. Cada um é responsável por sua empregabilidade, por sua qualificação, por sua inserção no mercado de trabalho, por seu sucesso profissional.

Temos aqui, considerando as mudanças substantivas do capitalismo mundial a partir do último quarto do século XX e descritas anteriormente, um *insight* do novo espírito do capitalismo. Boltanski e Chiapello (2009, p. 482) afirmam que "o capitalismo precisa de um espírito para engajar as pessoas necessárias à produção e à marcha dos negócios" e que "para ser mobilizador, precisa incorporar uma dimensão moral". Essa moral não se encontra mais na religião e tampouco

[34] Referência a John Maynard Keynes (1883-1946), economista britânico. Sua grande contribuição teórica, revisitando os clássicos da economia, foi a de demonstrar que o estado normal da economia é o desequilíbrio, e não o equilíbrio, e que a racionalidade individual leva a uma irracionalidade coletiva. Partindo do princípio de que Estado e mercado são duas instituições complementares, defende a ideia de que a "mão invisível" do mercado necessita da "mão visível" do Estado.

na organização, mas na ideia liberal de que tudo depende apenas e tão somente dos seus esforços, de sua *performance*. A nova moralidade é o empreendedorismo, a empregabilidade e a meritocracia. O exemplo clássico do empreendedorismo é o modelo da "uberização do trabalho".[35] Agora, cada um deve se virar por contra própria.

Curiosa e paradoxalmente, há uma nova vertente religiosa que se aproxima desse tipo de liberalismo que se requer na nova sociedade do trabalho: o neopentecostalismo[36] e a sua teologia da prosperidade.[37] A partir da teoria weberiana da relação religião *versus* capitalismo, o que há de reincidente e novo nessa configuração religiosa? Seria o neopentecostalismo um versão religiosa que dá sustentação à versão econômica preconizada pela ideologia (neo)liberal? Como o trabalho é visto e vivenciado pelos adeptos do neopentecostalismo? Trata-se de um campo de pesquisa em aberto com o qual o método weberiano muito pode contribuir.

---

[35] A empresa Uber e suas congêneres do capitalismo de plataforma são hoje o que a indústria têxtil foi para o capitalismo industrial nas suas origens. Com uma diferença significativa, a de que a indústria têxtil possibilitou o assalariamento – quantia fixa paga por um mês de trabalho sem intermitência – e direitos como jornada de trabalho, férias, previdência. A Uber é o desmonte do conceito do assalariamento e seu rol de direitos. O trabalhador de aplicativo é o trabalhador do século XXI por excelência. A sua condição de trabalho é a ausência da regulação. Não há mais contratos, salários fixos, jornadas de trabalho pré-definidas, local de trabalho. Ele é responsável pelo seu instrumento de trabalho, por sua jornada e por seu ganho.

[36] De acordo com Mariano (2004, p. 123-124), "o neopentecostalismo teve início na segunda metade dos anos de 1970 [...] No plano teológico, caracterizam-se por enfatizar a guerra espiritual contra o Diabo e seus representantes na terra, por pregar a Teologia da Prosperidade, difusora da crença de que o cristão deve ser próspero, saudável, feliz e vitorioso em seus empreendimentos terrenos, e por rejeitar usos e costumes de santidade pentecostais, tradicionais símbolos de conversão e pertencimento ao pentecostalismo".

[37] Segundo Campos (1999, p. 365), a teologia da prosperidade é "uma acomodação da mensagem pentecostal a um novo estágio socioeconômico da sociedade ocidental e que gera, não mais uma ética de poupança e investimento, como descreveu Max Weber, mas uma ética de consumo".

# O trabalho em Marx, Durkheim e Weber: um possível diálogo

A categoria trabalho, nos clássicos, é constitutiva da investigação, da análise e interpretação do maior evento da modernidade: o capitalismo. Os três autores chegaram ao tema do trabalho devido a suas inquietações voltadas para melhor compreender esse grande acontecimento. Marx, Durkheim e Weber testemunharam o amadurecimento do capitalismo a partir da revolução industrial que instaurou uma profunda metamorfose socioeconômica, política e cultural.

Os sociólogos percebem que o surgimento da revolução industrial abole massivamente o sistema de vida que se conhecia e novas coisas surgem. Na busca pela compreensão e interpretação dessas "novas coisas" os autores empreendem seus estudos e escritos. Logo, se há um denominador comum no qual os autores podem ser inscritos é o de que eles são contemporâneos e testemunhas desse evento denominado capitalismo, que transfigura velozmente a sociedade em que vivem. É a partir de suas interpelações frente à expansão do capitalismo que o tema do trabalho emerge em Marx, Durkheim e Weber como uma categoria importante para a compreensão desse novo sistema. Porém, o trabalho assume significado distinto para eles, porque distintas são as suas inquietações. Numa síntese abreviada, em Marx o trabalho é o lugar do conflito; em Durkheim, o da normatividade e, em Weber, o da racionalidade.

Como visto anteriormente, em Marx o trabalho é a categoria fundante para a compreensão das contradições expostas pelo capitalismo. Por um lado, o trabalho, fonte original da manifestação ontológica no mundo, quando apropriado pelo capital, se transforma no lugar da exploração, da extração do mais-valor, do assujeitamento e aniquilamento do ser humano; porém, é também o princípio da emancipação, porque carrega dentro de si a condição de classe social. Em Marx, o trabalho é impregnado da dialética, esse método que expõe as contradições e coloca em movimento um contínuo processo de mudanças. O trabalho, portanto, é sujeição, mas também emancipação.

Já em Durkheim, o trabalho ocupa outra função: não a do conflito, como exposto por Marx, mas a da normatividade. Para o sociólogo francês, a divisão do trabalho possibilita a solidariedade, a criação de vínculos sociais que permitem a substituição da consciência coletiva da sociedade agrário-rural. O trabalho regular, normativo, com renda satisfatória, é a argamassa da coesão social na sociedade urbano-industrial. A divisão do trabalho social permite organizar a sociedade na qual cada um cumpre uma função, criando as bases de uma moral comum que fortalece os vínculos e a vida em sociedade. Não é gratuito que o método de interpretação social atribuído a Durkheim seja o do funcionalismo. É a divisão do trabalho que permite a boa funcionalidade do todo (sistema) e das partes (subsistemas). A divisão do trabalho é a forma, por excelência, que faz funcionar a sociedade.

Weber, por sua vez, identifica no trabalho as bases ético-culturais para a compreensão e legitimação do capitalismo. Partindo-se do seu método de interpretação social, segundo o qual a sociologia é uma ciência compreensiva que capta o sentido que o sujeito dá ao seu comportamento, o autor vê no trabalho as bases que constituem a racionalidade do capitalismo ocidental. É a especialização do trabalho, com acentuada disciplina, como prova emblemática do caráter que se deseja imprimir à vida e atividade pecuniária de origem religiosa, que imprime e dá ao capitalismo uma legitimação que ele jamais poderia conseguir apenas a partir das relações de poder.

Numa breve síntese, tendo presente a chave de leitura de cada autor, o seu método de análise e as inflexões que o trabalho produz na sociedade, temos o quadro:

| | **Chave de Leitura societária** | **Método de interpretação social** | **O que o trabalho produz na sociedade** |
|---|---|---|---|
| Marx | Econômica/Política | Dialético | Exploração/Emancipação |
| Durkheim | Social | Funcionalista | Solidariedade/Normatividade |
| Weber | Cultural/Religiosa | Compreensivo | Racionalidade/Burocratização |

A possibilidade de um possível diálogo entre os autores, tendo presente a categoria trabalho, é reduzida. Vejamos as razões. Como destacado ao longo do texto, o trabalho é uma categoria central na teoria social de Marx; já em Weber e Durkheim, embora a categoria trabalho não assuma a centralidade como em Marx, ocupa lugar de destaque em suas respectivas teorias sociais. Interessa aqui a percepção acerca da função que o trabalho desempenha na organização social para cada um deles.

Durkheim e Weber, mesmo partindo de perspectivas diferentes, veem o trabalho como a base de certa normatividade social, condição que dá sustentação, funcionalidade e racionalidade ao sistema capitalista. Afastam-se, portanto, da leitura de Marx, para quem o trabalho é essencialmente disruptivo e não de caráter normatizador. Nessa perspectiva, podemos afirmar que há pontos de intersecção sobre o lugar que o trabalho desempenha na sociedade que são comuns a Weber e Durkheim e não a Marx. Porém, ao mesmo tempo em que é possível identificar em Durkheim e Weber um caráter normatizador, advindo do trabalho, o que não se observa em Marx, a causalidade que leva a isso é distinta, como também são distintos, na obra dos autores, os seus efeitos para a vida individual e social.

Durkheim, em seu método, considera que a sociedade tem precedência sobre o indivíduo e que as estruturas sociais o condicionam; portanto, a divisão do trabalho como um fato social é externa aos indivíduos. Em decorrência desse caráter, a divisão do trabalho social possibilita funcionalidade à sociedade. Há, em Durkheim, um olhar otimista sobre a função do trabalho como o lugar que fomenta a solidariedade. O autor é refratário a tensões, conflitos e rupturas sociais, identificados por ele como anomias, porque rompem com a possibilidade da vida em comum. Nesse sentido, Durkheim não questiona a essência do modo de produção capitalista, quando muito condena os seus excessos e desregramentos, mas aposta na divisão do trabalho social, a partir de determinadas regras, como meio de promoção da solidariedade e de uma moral comum de convivência social.

Weber chega a conclusões próximas de Durkheim sobre o papel que o trabalho desempenha na sociedade e o seu caráter de normatização-racionalização da vida social, porém a partir de um caminho distinto; tampouco partilha do otimismo de Durkheim sobre a função da divisão do trabalho e o seu efeito harmonizador. Lembremo-nos de que o método de análise social de Weber é radicalmente oposto ao de Durkheim. Se em Durkheim o objeto de compreensão social deve partir da sociedade, das estruturas, das instituições, em Weber, o ponto de partida é o indivíduo, e a sociedade, as organizações e instituições são resultantes da ação e interação recíproca entre as pessoas.

Logo, em Weber, o trabalho é manifestação da ação social, e não um fato social. Nessa ação social weberiana, o trabalho, no moderno sistema capitalista, carrega uma racionalidade, originária do *ethos* religioso, que é causal, e não consequência da sociedade produtiva. É como se Weber invertesse a lógica de Durkheim, ou seja, não é a sociedade capitalista que normatiza as pessoas pelo trabalho, mas sim as pessoas que normatizam o capitalismo pelo trabalho. O resultado pode ser o mesmo, o fato de que no capitalismo o trabalho se apresenta em suas formas de normatização, racionalidade, burocratização, mas as causas e a forma como essas características se produzem são distintas nos autores.

A sutileza de interpretação deve-se ao fato de que, em Durkheim, é a divisão do trabalho orgânica, coletiva, social, que dá sustentação e legitimidade ao capitalismo; em Weber, é a ação individual no trabalho que dá liame ao sentido coletivo e racional que serve ao capitalismo, que encontra, na explicação de Weber, uma legitimação oriunda de uma ética de conduta de vida de traço religioso, que imprime ao trabalho uma racionalidade para o seu funcionamento. Em Durkheim, mais do que uma ética, há uma moral produzida pela divisão orgânica do trabalho, que impulsiona as pessoas a uma conduta de vida que dá funcionalidade ao capitalismo. Os resultados são similares, mas a causalidade é distinta. Ao mesmo tempo, percebe-se que Weber não é otimista como Durkheim em relação à sociedade do trabalho, à modernidade e, por consequência, ao próprio capitalismo. Durkheim alimenta expectativas positivas sobre o sistema. Tendo como base a divisão do trabalho associado às instituições políticas, culturais e religiosas, considera possível edificar uma sociedade socialmente equilibrada. O sociólogo alemão, por sua vez, considera que a racionalidade impressa na modernidade pela conduta racional do trabalho, mais do que a solidariedade social, empurra a todos para a "jaula de ferro". Encontra-se aqui, como destaca Löwy (2014), uma crítica liberal de Weber ao capitalismo como sistema que sentencia os indivíduos, em todas as esferas da vida, a uma existência de anulação da liberdade individual e enclausura-os, em suas palavras, na "jaula de aço".

A crítica subjacente ao capitalismo e sua racionalidade como um sistema de disciplinamento e embotamento da conduta humana pelo trabalho, na visão de Weber, é algo que não se vê explicitamente em Durkheim. Em contrapartida, esse olhar crítico que a causalidade do trabalho cria na sociedade abre uma possibilidade de diálogo entre

Weber e Marx. Trata-se, entretanto, de um diálogo frágil. A fragilidade do diálogo entre Weber e Marx, a partir do trabalho, deve-se ao fato de que essa categoria cumpre funções distintas em suas teorias sociais.

Em Weber, a causalidade do trabalho explica a forma como o capitalismo se desenvolve no Ocidente, o que lhe é específico em relação a outros capitalismos e outras culturas.[1] Weber não está interessado em um julgamento *a priori* do capitalismo, mas sim na compreensão daquilo que lhe é particular em sua ordem racional; ao contrário, em Marx, a causalidade do trabalho é diferente, porque serve a outra inquietação, não a de compreender porque o capitalismo assumiu determinadas características como em Weber, mas sim o porquê desse sistema produzir contradições irreconciliáveis. Em Weber, a categoria trabalho é abordada, sobretudo, a partir de bases culturais e, em Marx, a partir de bases econômicas. É devido a esse corte diverso de análise que a religião também assume caráter bastante distinto nos autores. Na teoria social weberiana, a religião ocupa um lugar de relevo para a compreensão da forma como se origina e desenvolve o capitalismo; já na teoria marxiana, a religião é irrelevante no seu quadro explicativo de como se constitui o capitalismo. Ainda mais, em Marx, a religião se projeta como ideologia e alienação que impede a retirada do véu da observação crítica da materialidade dos fatos; já em Weber, o desencantamento do mundo, ou seja, o declínio da religião como mediação para se compreender o mundo não retira a sua importância para a vida das pessoas. Em Weber, afirma Schluchter (2014), a ciência moderna não se presta ao papel de substituta da religião.

Não se trata aqui de aferir quem está correto ou não, uma vez que as questões formuladas por ambos na busca pela compreensão do capitalismo são distintas. Logo, não é prudente confrontar respostas para as quais a problemática formulada originalmente é distinta. We-

---

[1] Diferentemente de Marx, Weber considera que o capitalismo é universal e sempre esteve presente na história humana, inclusive nas sociedades antigas.

ber está interessado em entender, na modernidade do Ocidente, em sua versão capitalista, as razões pelas quais as pessoas se comportam manifestando uma racionalidade homogênea.

Marx está interessado em entender as razões do capitalismo ser um sistema que produz uma profunda clivagem social que aparta as pessoas e estrutura classes sociais. É nessa perspectiva que deve ser entendida a afirmação de que o eixo condutor de análise em Weber é de ordem cultural e em Marx de ordem econômica. Essa percepção faz-se importante quando analisamos, nos autores, outras categorias como sociedade, Estado, burguesia, classes sociais, religião e assim por diante. Essas categorias, assim como a categoria trabalho, precisam ser lidas a partir dos seus métodos de interpretação social.

Posto isso, não significa que Marx, Durkheim e Weber, escudados em seus métodos, estejam imunes a questionamentos. Ao contrário, não é incorreto interpretar de forma crítica como cada um se posicionou em seu tempo histórico diante dos fatos que ocorriam. É nesse sentido que muitos atribuem uma permissividade maior de Durkheim e Weber para com o capitalismo, diferentemente de Marx. De fato, Weber, e muito menos Durkheim, não podem ser considerados como contundentes críticos do capitalismo; o mesmo não pode ser dito sobre Marx. Curiosa e paradoxalmente, o capitalismo é visto com certo otimismo por Durkheim e por Marx; Weber, por sua vez, projeta um olhar pessimista sobre o capitalismo. Vejamos porque pode se considerar, mesmo por razões opostas, o fato de Durkheim e Marx guardarem certo otimismo com o capitalismo. Em Durkheim, a divisão do trabalho social, como já destacado, tem o potencial de fornecer uma base moral de vida em comum que produz solidariedade e permite o equilíbrio social. De certa forma, o fordismo, considerado o período dos anos dourados do capitalismo,[2] e o seu pleno emprego, com direitos associado à rede

---

[2] A expressão "anos dourados do capitalismo", período que vai do final dos anos 1940 até o início da década de 1970, é utilizada pelo historiador inglês Eric Hobsbawm

pública de serviços de qualidade, como se desenvolveu no Ocidente, é a manifestação do projeto societário idealizado por Durkheim. O "otimismo" de Marx para com o capitalismo reside em outra razão, radicalmente oposta à de Durkheim. Marx está convicto de que os efeitos deletérios do capitalismo provocarão a sua própria destruição e dos seus escombros surgirá uma nova sociedade, a sociedade da distribuição das riquezas em comum, o comunismo. Esse "otimismo" de Marx se deve ao fato de que o capitalismo, ao promover a evolução das forças produtivas, desenvolve em seu interior a luta de classes. Tem-se, aqui, uma forte diferença entre os dois. Para Durkheim, as tensões, os conflitos sociais, os movimentos de ruptura são anormais e devem ser submetidos a uma espécie de "terapia sociológica" para justa harmonização, para a reinstauração da eunomia; já para Marx, os conflitos sociais e suas derivações são fatos inerentes à sociedade, e são justamente estes que produzem a história. Em Weber, como já visto, o capitalismo empurra a sociedade para uma vida racional-burocrática que entorpece e restringe a liberdade humana. Essa visão pessimista de Weber assume, entretanto, um caráter de resignação, uma vez que se trata de uma crítica que não resulta em qualquer ação transformadora. Weber não via o capitalismo com bons olhos, entretanto, também não acreditava que o socialismo fosse a alternativa pelas mesmas razões de sua crítica ao capitalismo, ou seja, a centralidade da burocracia na vida social, esse poder de racionalização das vidas que restringe a liberdade individual. Weber considerava que os problemas advindos do gigantismo dessa burocracia se agravariam num sistema socialista de planejamento do Estado.

Cabe uma breve observação acerca de certo consenso que se estabeleceu em qualificar Durkheim como o mais conservador dos autores,

---

ao comentar o crescimento virtuoso das economias estadunidense e europeia após a Segunda Guerra Mundial. Essas economias entraram num ciclo acelerado de crescimento, tendo em sua base a sinergia entre o aumento de produtividade, assalariamento e geração de empregos.

principalmente em relação ao seu posicionamento frente ao capitalismo. Essa rotulação é redutora e apressada. Quem lê mais atentamente Durkheim reconhece que ele defendia uma sociedade em que o trabalho fosse regular, protegido por direitos e com renda satisfatória. Ainda mais: Durkheim sugere que a ideal divisão do trabalho social, para garantir maior autonomia, liberdade e coesão, deveria ser organizada a partir do que denomina de corporações, espécies de associações profissionais no estilo de cooperativas, controladas pelos próprios trabalhadores.

À guisa de conclusão, pode-se afirmar que o diálogo acerca da categoria trabalho nos clássicos é algo que apresenta limites já que, se é verdade que dialogam com o mesmo problema de fundo – a modernidade e o capitalismo –; a forma como o abordam, as perguntas que se fazem e o método que utilizam são diferentes, logo, as respostas sobre o lugar que o trabalho ocupa em suas teorias sociais são distintas. O que se pode dizer é que, na obra dos três autores, o trabalho é uma categoria importante em seus empreendimentos de compreensão do capitalismo. Marx, sem dúvida, é o autor em que mais o trabalho assume centralidade. O relevante é que cada um, ao seu modo, auxilia-nos a "ler" o trabalho como um elemento central na vida social, econômica, cultural e política. Por isso mesmo, independente de possíveis filiações a cada uma dessas teorias, trata-se de compreender que são obras clássicas exatamente por que nos ajudam a decifrar, no caso específico da categoria trabalho, o lugar que essa atividade humana, existente desde o surgimento da civilização, ocupa no construto social.

Não é gratuito que nas ciências sociais derivou-se um ramo específico, a sociologia do trabalho, em que é obrigatória a literatura marxiana, durkheimiana e weberiana para quem deseja compreender a importância ontológica e material do trabalho na vida humana. Marx, Durkheim e Weber nos dão chaves de leituras a partir de diferentes matizes, que com a devida hermenêutica, reatualizam e enriquecem o devir do trabalho na sociedade.

# Referências


ALDENHOFF-HÜBINGER, Rita. Os cursos de Max Weber: Economia política, política agrária e questão dos trabalhadores (1894-1900). *Revista Tempo social*, São Paulo, v. 24, n.1, p. 19-35, 2012.

ALVES, José Eustáquio Diniz. O marxismo continua atual para crítica do capitalismo e denúncia das desigualdades. *Revista IHU On-Line*, São Leopoldo: Unisinos, n. 525, p. 37-42, 30 jul. 2018.

ARENDT, Hannah. *A condição humana*. 10. ed. São Paulo: Forense Universitária, 2002.

BOLTANSKI, Luc; CHIAPELLO, Ève. *O novo espírito do capitalismo*. São Paulo: Martins Fontes, 2009.

CAMPOS, Leonildo Silveira. A Igreja universal do reino de Deus, um empreendimento religioso atual e seus modos de expansão (Brasil, África e Europa). *Revista Lusotopie*, p. 355-367, 1999.

CARCANHOLO, Marcelo Dias. Na gênese do capital, caminhos para compreender as crises e a sociedade contemporânea. *Revista IHU On-Line*, São Leopoldo: Unisinos, ed. 25, p. 43-48, 30 jul. 2018.

CASTEL, Robert. *As metamorfoses da questão social*. Uma crônica do salário. Petrópolis: Vozes, 1995.

CASTELLS, Manuel. *A sociedade em rede*. São Paulo: Editora Paz e Terra, 1999.

COGGIOLA, Osvaldo. Introdução. *In:* MARX, Karl; ENGELS, Friedrich. *Manifesto comunista*. São Paulo: Boitempo, 2010. p. 10.

COHN, Gabriel. *Max Weber*. São Paulo: Ática, 1989.

DURKHEIM, Émile. *As regras do método sociológico*. São Paulo: Martin Claret, 2020.

DURKHEIM, Émile. *Da divisão do trabalho social*. São Paulo: Martins Fontes, 2019.

ENGELS, Friedrich. *Uma breve biografia de Karl Marx*. São Paulo: Boitempo, 2019.

FILLOUX, Jean-Claude. *Émile Durkheim*. Coleção Educadores. Recife (PE): MEC-Fundação Joaquim Nabuco/ Editora Massangana, 2010.

FUMAGALLI, Andrea. A potência da concepção de uma economia para além dos números. *Revista IHU On-Line*, São Leopoldo: Unisinos, n. 525, p. 64-69, 30 jul. 2018.

GOFF, Jacques Le. *A Bolsa e a vida*. A usura na Idade Média. São Paulo: Brasiliense, 1989.

GORZ, André. *O imaterial*. São Paulo: Editora Annablume, 2005.

GRESPAN, Jorge. *Marx e a crítica do modo de representação capitalista*. São Paulo: Boitempo, 2019a.

GRESPAN, Jorge. Uma nova leitura sobre a representação capitalista de Marx. *Revista IHU On-Line*, São Leopoldo, Unisinos, n. 537, p. 6-8,10 jun. 2019b.

GUYADER, Alain Le. Claude-Henri de Saint-Simon: nascimento do intelectual orgânico da sociedade industrial. *In*: MERCURE, D.; SPURK, J. (org.). *O trabalho na história do pensamento ocidental*. Petrópolis (RJ): Vozes, 2005. p. 137-166.

HARDT, Michael; NEGRI, Antonio. *Multidão*. Rio de Janeiro/São Paulo: Record, 2005.

HARVEY, David. *A condição pós-moderna*. São Paulo: Loyola, 1992.

HEINRICH, Michael. *Karl Marx e o nascimento da sociedade moderna:* biografia e desenvolvimento de sua obra. v. I: 1818-1841. São Paulo: Boitempo, 2018a.

HEINRICH, Michael. O pensamento de Marx não se limita a uma visão de mundo. *Revista IHU On-Line*, ed. n. 525, São Leopoldo, Unisinos, p. 29-32, 30 jul. 2018b.

HOLLOWAY, John. *Mudar o mundo sem tomar o poder*. São Paulo: Viramundo, 2003.

KAESLER, Dirk. *Max Weber, o protestantismo e o capitalismo*. Disponível em: http://www.ihu.unisinos.br/170-noticias/noticias-2014/531236-max-weber-o--protestantismo-e-o-capitalismo. Acesso em: 17 ago. 2020.

KELLER, Rene José. Alienação/estranhamento e ser genérico nos Manuscritos Econômico-filosóficos de Karl Marx. *Revista Direito Práxis*, Rio de Janeiro, v. 9, n. 4, p. 2.251-2.266, 2018.

LAZZARATO, Maurizio; NEGRI, Antonio. *Trabalho imaterial*. Rio de Janeiro: DP&A, 2001.

LENIN, V.I. *Obras escolhidas em três tomos*. v. I. Lisboa-Moscou: Avante/Progresso, 1977.

LINHART, Daniele. *A desmedida do capital*. São Paulo: Editora Boitempo, 2007.

LÖWY, Michael. Marxismo só tem sentido como um pensamento aberto. *Revista IHU On-Line*, São Leopoldo: Unisinos, n.525, p. 33-36, 30 jul. 2018.

LÖWY, Michael. *A jaula de aço*. Max Weber e o marxismo weberiano. São Paulo: Boitempo, 2014.

LÖWY, Michael. *As aventuras de Karl Marx contra o Barão de Münchhausen*. São Paulo: Busca Vida, 1987.

LUKÁCS, Georg. Meu caminho para Marx. *In*: CHASIN. J. (Org.). *Marx Hoje*. São Paulo: Ensaio, 1987.

LUKES, Steven. Uma leitura atual de Durkheim. *In*: COHN, Gabriel (org) *Sociologia – para ler os clássicos*. Rio de Janeiro: Azougue editorial, 2005.

MARIANO, Ricardo. *Expansão pentecostal no Brasil:* o caso da Igreja Universal. *Revista Estudos Avançados USP*, n. 52, p. 121-138, 2004.

MARX, Karl. *Manuscritos Econômico-Filosóficos*. São Paulo: Boitempo, 2004.

MARX, Karl. *Contribuição à Crítica da Economia Política*. 2. ed. São Paulo: Expressão Popular, 2008.

MARX, Karl. *Grundrisse.* Manuscritos econômicos de 1857-1858. Esboços da crítica da Economia Política. São Paulo: Boitempo, 2011.

MARX, Karl. *Miséria da filosofia*. São Paulo: Boitempo, 2017a.

MARX, Karl. *O capital*. v. I, II e III. São Paulo: Boitempo, 2017b.

MARX, Karl; ENGELS, Friedrich. *A ideologia alemã*. São Paulo: Boitempo, 2007.

MARX, Karl; ENGELS, Friedrich. *O Manifesto Comunista*. São Paulo: Boitempo, 2010.

MARX, Karl; ENGELS, Friedrich. *Cartas sobre O capital*. São Paulo: Expressão Popular, 2020.

MATA, Sérgio da. Relações agrárias na Antiguidade*:* campo de testes ou berço da sociologia weberiana? *Revista Brasileira de Ciências Sociais*, São Paulo, v. 26, n. 75 , fev. 2011, pp. 175-178.

MÉSZÁROS, István. *A teoria da alienação em Marx*. São Paulo: Boitempo, 2016.

MÜLLER, Hans-Peter. Trabalho, profissão e "vocação" – O conceito de trabalho em Max Weber. *In*: MERCURE, D.; SPURK, J. (org.). *O trabalho na história do pensamento ocidental*. Petrópolis (RJ): Vozes, 2005. p. 234-258.

MUSTO, Marcello. *O velho Marx*. Uma biografia de seus últimos anos (1881-1883). São Paulo: Boitempo, 2018.

MUSTO, Marcello. Os Manuscritos Econômico-Filosóficos de 1844 de Karl Marx*:* dificuldades para publicação e interpretações críticas. *Caderno CrH*, Salvador, v. 32, n. 86, p. 399-418, maio/ago. 2019.

NETTO, José Paulo. *Introdução ao estudo do método de Marx*. 1. ed. São Paulo: Expressão Popular, 2011.

PIERUCCI, Antônio Flávio. *Desencantamento do Mundo*. Todos os passos do conceito em Max Weber. São Paulo: 34, 2003.

PIERUCCI, Antônio Flávio. Introdução e Glossário. *In*: Max Weber. *A ética protestante e o espírito do capitalismo*. São Paulo: Companhia das Letras, 2011.

PIERUCCI, Antônio Flávio. Em defesa da pluralidade e da multicausalidade. Entrevista com Antônio Flávio Pierucci. *In*: Max Weber. *A ética protestante e o "espírito" do capitalismo. Cadernos IHU em Formação*, São Leopoldo, ano 1, n. 3, p.17-22, 2005.

RANIERI, Jesus. Apresentação sobre os chamados Manuscritos econômico-filosóficos de Karl Marx. *In*: MARX, Karl. *Manuscritos econômico-filosóficos*. São Paulo: Boitempo, 2004.

RANIERI, Jesus. *Trabalho e dialética*. São Paulo: Boitempo, 2011.

ROSDOLSKI, Roman. *Gênese e estrutura de O capital de Karl Marx*. Rio de Janeiro: Contraponto, 2011.

SALAMITO, Jean-Marie. Trabalho e trabalhadores na obra de Santo Agostinho. *In*: MERCURE, D.; SPURK, J. (org.). *O trabalho na história do pensamento ocidental*. Petrópolis (RJ): Vozes, 2005, p. 37-62.

SCHLUCHTER, Wolfang. *Novos conceitos em permanente gestação*. Entrevista com Wolfang Schluchter. *In*: Max Weber. A ética protestante e o "espírito" do capitalismo. *Cadernos IHU em Formação*, São Leopoldo, ano 1, n. 3, p. 33-36, 2005.

SCHLUCHTER, Wolfang. *O desencantamento do mundo:* seis estudos sobre Max Weber. Rio de Janeiro: UFRJ, 2014.

SCHLUCHTER, Wolfang. *Paradoxos da modernidade:* cultura e conduta na teoria Max Weber. São Paulo: Unesp:, 2010.

SELL, Carlos Eduardo. *Sociologia Clássica*: Durkheim, Weber e Marx. 2. ed. Blumenau (SC): Ed. FURB, 2002.

SELL, Carlos Eduardo. *Sociologia clássica:* Marx, Durkheim e Weber. Petrópolis (RJ): Vozes, 2009.

SENNETT, Richard. *A corrosão do caráter.* Consequências pessoais do trabalho no novo capitalismo. São Paulo: Record, 1999.

SENNETTT, Richard. *A cultura do novo capitalismo.* São Paulo/ – Rio de Janeiro: Record, 2006.

SPURK, Jan. A noção de trabalho em Karl Marx. *In*: MERCURE, D.; SPURK, J. (org.). *O trabalho na história do pensamento ocidental.* Petrópolis (RJ): Vozes, 2005. p. 189-212.

TIRYAKIAN, A. Edward. O trabalho em Émile Durkheim. *In*: MERCURE, D.; SPURK, J. (org.). *O trabalho na história do pensamento ocidental.* Petrópolis (RJ): Vozes, 2005. p. 215-233.

VARES, Sidnei Ferreira. A sociologia durkheimiana e a tradição conservadora: elementos para uma revisão crítica. *In*: *Revista Brasileira de Ciência Política*, Brasília, n. 20, p. 79-120, maio/ago., 2016.

VAZ, Henrique Lima. Sobre as fontes filosóficas do pensamento de Karl Marx. *In*: CHASIN. J. (org). *Marx Hoje.* São Paulo: Ensaio, 1987. p. 161-176.

VIRNO, Paolo. O cérebro social como interação direta entre sujeitos de carne e osso. *IHU ON-LINE*, São Leopoldo, ano IV, n. 161, p. 4-10, 2005.

WEBER, Max. *A ética protestante e o espírito do capitalismo.* Petrópolis (RJ): Vozes, 2020.

WEBER, Max. *A ética protestante e o espírito do capitalismo.* São Paulo: Companhia das Letras, 2011.

WEBER , Max. *Economia y sociedad.* v. I e II. México: Fondo de Cultura Económica, 1969.

WEBER, Max. *Ensaios de Sociologia e outros escritos.* Coleção Pensadores. São Paulo: Victor Civita, 1974.

WEBER, Max. *Ensaios de sociologia.* Rio de Janeiro: Livros Técnicos e Científicos Editora, 1979.

WEBER, Max. *Psicofísica do Trabalho Industrial.* Série Ciências Sociais na Administração. São Paulo: Departamento de Fundamentos Sociais e Jurídicos da Administração: FGV-EAESP, 2009.

WEBER, Max. *Sociologia das religiões.* São Paulo: Ícone Editora: 2010.

WEISS, Raquel Andrade. *Émile Durkheim e a fundamentação social da moralidade.* Tese de Doutorado, Departamento de Pós Graduação em Filosofia, Universidade de São Paulo (USP), São Paulo, 2010.

WEISS, Raquel Andrade; BENTIHEN, Rafael Faraco. 100 anos sem Durkheim. 100 anos com Durkheim. *In*: *Revista Sociologias,* Porto Alegre, v.19, n. 44, p. 16-36, jan./abr., 2017.

WEISS, Raquel Andrade; BENTIHEN, Rafael Faraco. A redescoberta de um sociólogo*:* considerações sobre a correspondência de Émile Durkheim a Salomon Reinach. *In*: *Revista Novos Estudos,* São Paulo, Cebrap, n. 94, p. 133-149, nov. 2012.

WILLAIME, Jean-Paul. As reformas protestantes e a valorização religiosa do trabalho. *In*: MERCURE, D.; SPURK, J. (org.). *O trabalho na história do pensamento ocidental.* Petrópolis (RJ): Editora Vozes, 2005. p. 63-87.

## Sobre o autor

Cesar Sanson é doutor em Sociologia pela Universidade Federal do Paraná – UFPR. Professor e pesquisador na área de Sociologia do Trabalho na Universidade Federal do Rio Grande do Norte – UFRN.

Este livro foi composto com tipografia Adobe Garamond Pro e impresso em papel lux cream 60g na gráfica Paym, para a Editora Expressão Popular, em agosto de 2021.